能源转型、雾霾治理和民生用能协调推进

——以天然气保供保暖为例

景春梅　陈妍　王成仁 等◎著

COORDINATED PROMOTION OF ENERGY TRANSFORMATION,
SMOG MANAGEMENT AND
ENERGY USE FOR PEOPLE'S LIVELIHOOD

经济管理出版社
ECONOMY & MANAGEMENT PUBLISHING HOUSE

图书在版编目（CIP）数据

能源转型、雾霾治理和民生用能协调推进——以天然气保供保暖为例/景春梅，陈妍，王成仁等著.—北京：经济管理出版社，2019.5
ISBN 978-7-5096-6588-6

Ⅰ.①能…　Ⅱ.①景…②陈…③王…　Ⅲ.①天然气工业—产业发展—研究—中国
Ⅳ.①F426.22

中国版本图书馆CIP数据核字(2019)第089104号

组稿编辑：申桂萍
责任编辑：申桂萍　赵　杰
责任印制：黄章平
责任校对：张晓燕

出版发行：经济管理出版社
（北京市海淀区北蜂窝8号中雅大厦A座11层　100038）
网　　址：www.E-mp.com.cn
电　　话：(010) 51915602
印　　刷：三河市延风印装有限公司
经　　销：新华书店
开　　本：720mm×1000mm/16
印　　张：13.5
字　　数：222千字
版　　次：2019年7月第1版　　2019年7月第1次印刷
书　　号：ISBN 978-7-5096-6588-6
定　　价：58.00元

课题组成员

课题指导：

韩文科　国家发展改革委能源研究所原所长、研究员

课题组组长：

景春梅　中国国际经济交流中心信息部副部长、研究员

课题副组长：

陈　妍　中国国际经济交流中心信息部处长、副研究员

课题组成员：

王成仁　中国国际经济交流中心信息部副处长、副研究员

金爱伟　民德研究院研究员

刘　梦　中央财经大学博士研究生

赵天然　中国国际经济交流中心信息部研究助理

序　言

2014年，习近平总书记在中央财经领导小组第六次会议讲话中指出，面对能源供需格局新变化、国际能源发展新趋势，保障国家能源安全，必须推动能源生产和消费革命。同时，对推动能源生产和消费革命提出了五点要求，要求大力推动能源消费革命、能源供给革命、能源技术革命、能源体制革命和全方位加强国际合作。推动能源生产和消费革命是一项长期战略。

推动能源革命，旨在保障我国能源安全，推动能源转型，构建清洁低碳、安全高效的能源体系。近年来，党中央、国务院对于生态环境的重视程度和治理力度空前，特别是污染防治作为三大攻坚战之一，要求通过调整产业结构，淘汰落后产能，调整能源结构，助力打赢蓝天保卫战。我国严重依赖化石能源的能源生产和消费结构，是环境污染特别是雾霾严重的重要成因。能源清洁低碳转型是改善生态环境的主要途径，也是能源革命的重要目标。同时，推进能源清洁低碳转型必须考虑我国的经济社会发展阶段和人民对能源产品与服务的经济承受能力，保障人民群众“用得上、用得起”清洁能源，充分体现以人民为中心的发展理念。

天然气具有清洁低碳的特性，且是居民生活和取暖用能的重要能源。扩大天然气供应能力，提升天然气在我国能源消费中的比重，既有助于我国能源转型和雾霾治理目标的实现，也是补齐生态环境短板过程中保证民生用能不受影响的关键。我国大规模使用天然气较晚，目前在能源消费中占比不到8%，远低于全球23%的平均水平，但近年来需求快速增长，消费比重不断提升，在我国能源体系中的地位也越发突出。按照国家相关规划，到2030年，天然气消费占比将超过石油，达到15%，将真正成为我国的主体能源。2018年国务院公布的《关于促进天然气协调稳定发展的若干意见》，对天然气产业发展已经做出了全面部署，提出要有效解决天然气发展不平衡不充分问题，确保国内快速增储上产，民生用气保障有力，实现天然气产业健康、有序、安全、可持续发展。

强化天然气的战略定位，壮大天然气产业，是协调能源转型、雾霾治理和民生保障的有效途径和化解矛盾的重要手段。天然气产业做大做强的关键在于建立统一开放、公平有序的天然气市场体系。为此，应从上、中、下游推动天然气产供储销全产业链市场化改革，将天然气销售业务和管道运输业务分离，实现管输业务独立和管输价格独立，放开上游气源和下游终端销售市场，实现多买多卖、市场竞价。同时，通过拓宽天然气进口渠道，加强海外合作开发区块布局，积极参与国际能源治理等多种方式保障国家能源安全。

国家发展改革委能源研究所原所长

韩文科

2019年3月

目　录

总报告　能源转型、雾霾治理和民生用能协调推进的矛盾和解决思路

2017～2018年供暖季我国北方地区出现天然气供应紧张、气价大幅上涨，甚至出现停供、断供等现象，部分地区居民用户特别是农村居民用户遭遇了“不让用煤，又通不上气”的艰难困境，引发了社会的广泛关注。此次“气荒”暴露出我国能源转型、雾霾治理与民生用能的不协调问题，而“气荒”反复出现的背后则反映出我国天然气行业发展的深层次矛盾和问题。解决这些问题的核心在于通过推进天然气行业全产业链改革，提高天然气供应能力，实现能源转型、雾霾治理和民生用能三者的协调推进。

一、能源转型、雾霾治理与民生用能三者的内涵及关系

党的十八大以来，在“五位一体”战略布局和全面建成小康社会的目标要求下，在能源革命战略的指引下，我国能源转型成效显著，为雾霾治理和民生用能保障均提供了重要支撑。能源转型关系雾霾治理成效，也与人民群众的生活紧密相关，需厘清三者各自的政策内涵及相互关系，协调推进，建立长效机制，保证能源转型既为推进雾霾治理贡献力量，又要坚决守住保障民生用能底线。

（一）能源转型

我国能源发展的改革目标是建设清洁低碳、安全高效的现代能源体系。推动能源转型是能源发展的重要方向，能源发展规划和相关政策也以推动能源战略性转型为目标进行设计。在资源环境和应对全球气候变化的双重约束下，能源转型得到快速推进。

1. 能源转型的重点方向和途径

2014 年，习近平总书记提出推动能源消费革命、能源供给革命、能源技术革命、能源体制革命和全方位加强国际合作的“四个革命一个合作”重要论述，成为我国能源中长期发展的重要指引。“四个革命一个合作”进一步明确了我国能源转型的方向，即优化能源结构、提高能源效率，破解资源环境约束，全面推进生态文明建设，实现经济社会高质量和可持续发展。具体而言，就是形成煤、油、气、核、新能源和可再生能源多轮驱动、协调发展的能源供应体系，降低煤炭在能源结构中的比重，大幅提高清洁能源比重，使清洁能源基本满足未来新增能源的需求。在转型途径上，一方面，积极推进煤炭清洁化利用，增加油气供应，加快发展各种清洁能源；另一方面，大力推进能源消费侧技术进步，大力提高能源利用效率，积极推进工业生产、建筑供暖供冷、交通运输、居民生活等领域实施“以电代煤”“以电代油”，通过电能替代降低石油和煤炭消费，降低大气污染物排放。

（1）能源转型的首要任务是煤炭的转型发展。全球能源已由煤炭时代进入油气时代并正在向更加清洁化的新时代迈进。但是，我国煤炭消费的比重仍然超过了 60%，是绝对的主体能源，且煤炭集中利用率和利用效率都与国际水平存在差距。在我国，煤炭的主体能源地位还将持续较长时间，至少到 2030 年煤炭仍将是我国能源结构中占比最大的能源品种，占比仍将维持在 50% 上下。推动煤炭的集中使用和集中治理，禁止劣质散煤直接燃烧，鼓励煤改清洁能源势在必行。推动煤炭清洁利用，提高煤炭质量标准，提升煤电的清洁化水平，目标是燃煤电厂主要污染物排放基本达到燃气电厂的排放水平。按照规划目标，到 2020

年煤炭在我国能源消费中的占比应降至58%以下，比2015年下降6个百分点。

（2）逐步推进石油替代。全球能源发展经历了从煤炭时代到石油时代的演变，正在迈向可再生能源时代，但石油占比仍超过30%，是所有能源中最高的。据BP预测，到2040～2050年，天然气将会超过石油成为世界主体能源。在我国能源结构中石油也是重要能源之一，但从石油进口依存度的不断提升，国内石油勘探开采能力和经济性存在约束，以及石油使用对碳排放和生态环境产生的负面影响等方面看，石油替代已是大势所趋。电动、燃气和氢能等新能源汽车快速发展，以及清洁高效的现代煤化工发展等，都将成为替代石油的主要途径。到2020年石油在我国能源消费中的占比将比2015年略有下降。

（3）实现增量需求主要依靠清洁能源。大力发展清洁能源，大幅增加生产供应，是优化能源结构、实现绿色发展的必由之路，而推动清洁能源成为能源增量主体，是我国能源转型的重大转折。可再生能源逐步成为我国的主体能源，是能源转型的最终目标。按照规划目标，到2020年非化石能源在我国能源消费中占比为15%左右。

天然气虽然是化石能源但属于相对清洁的化石能源，国家已经明确提出把天然气作为我国的主体能源之一。据BP预测，2060年左右全球范围内非化石能源将超过天然气成为第一大能源，天然气是从油气时代到可再生能源时代最为重要的过渡能源，而对于我国来说，在可再生能源技术没有取得重大突破的情况下，难以从煤炭时代直接跨入可再生能源时代，选择天然气作为过渡能源也是现实选择。目前我国天然气消费占比还很低，但天然气市场需求潜力很大。按照规划目标，到2020年天然气在我国能源消费中的占比将为10%左右。

2. 能源转型中长期目标

2016年底，国家分别发布《能源发展“十三五”规划》和《能源生产与消费革命战略（2016—2030）》，这是我国能源发展的阶段性指导意见，分别确立了到2020年和2030年我国能源转型发展的近期和中期目标以及行动计划。

按照《能源发展“十三五”规划》确定的目标，到2020年，能源消费总量将控制在50亿吨标准煤以内，其中煤炭消费总量控制在41亿吨标准煤以内，比重降低到58%以下，非化石能源占比将达到15%以上，天然气占比力争达到10%。到2020年，单位国内生产总值能耗将比2015年下降15%，单位国内生产总值二氧化碳排放比2015年下降18%。其中，非化石能源消费比重提高到15%，煤炭消费比重降低到58%，均为约束性指标，其他为预期性指标。

按照《能源生产与消费革命战略（2016—2030）》确定的目标，到2030年，可再生能源、天然气和核能利用持续增长，高碳化石能源利用大幅减少。能源消费总量控制在60亿吨标准煤以内，非化石能源占能源消费总量的比重将达到20%左右，天然气占比达到15%左右，新增能源需求主要依靠清洁能源满足；单位国内生产总值二氧化碳排放将比2005年下降60%～65%，二氧化碳排放在2030年左右达到峰值并争取尽早达峰；初步构建现代能源体系。同时，还展望了2050年我国的能源消费情景。能源消费总量基本稳定，非化石能源占比超过一半，建成能源文明消费型社会；能效水平、能源科技、能源装备达到世界先进水平；成为全球能源治理的重要参与者；建成现代能源体系，保障实现现代化。

从上述目标看，我国将通过30多年的努力，最终实现主体能源从煤炭到可再生能源的更替，实现能源供应体系的多元化（如表1－1所示）。

表1－1 我国中长期能源结构目标

指标	2015年	2020年	2030年	2050年
能源消费总量（亿吨标准煤）	43	50	60	65
能源消费结构，其中：煤炭（%）	64	58	50	30
石油（%）	18.1	17	15	15
天然气（%）	5.9	10	15	20
非化石能源（%）	12	15	20	35

资料来源：2015年、2020年和2030年资料来源于《能源发展“十三五”规划》和《能源生产与消费革命战略（2016—2030）》；2050年数据为课题组根据公开资料分析预测所得。

（二）雾霾治理

生态环境问题是事关人民健康、增进民生福祉的重要问题，但生态环境的改善依赖于经济结构和能源结构等多种因素，既是紧迫任务也是长期工作。

1. 雾霾治理的措施和效果

2013 年初我国爆发长时间、大面积的雾霾天气。这一年 74 个新标准第一阶段监测实施城市的空气质量为优良的天数比例仅为 60.5%，全年 PM2.5 达标的城市仅有三个，占监测城市的比例为 4.1%。京津冀和珠三角区域所有城市空气质量均未达标，长三角也仅有舟山市达标。① 严重污染引发了社会的极大关注和不满，成为重要的民生之患、民心之痛。2013 年至今被认为是我国污染治理力度最大、举措最实、推进最快、成效最好的时期。2013 年 9 月出台的《大气污染防治行动计划》（以下称“大气十条”）被认为是近年来影响力最大的环境政策，往后几年陆续修订了环境保护法、大气污染防治法等多部法律，新的环境保护法被称为史上最严环保法。通过建立重点污染源监控体系，对重点企业主要排污行为实行 24 小时在线监控；建立国家环境空气质量监测网，覆盖全国 338 个地级及以上城市；进行了史上最大规模的环保督查。几年来，在政府的大力推动下，这场蓝天保卫战取得了极大成效。2017 年是“大气十条”第一阶段任务的收官之年，与 2013 年相比主要大气污染物排放量实现了历史上最大下降幅度，京津冀、长三角和珠三角 PM2.5 浓度分别下降了 39.6%、34.3% 和 27.7%，北京市 PM2.5 降至 58 微克/立方米②，超额完成“大气十条”确定的目标。但污染治理的任务远未完成。

2017 年底的中央经济工作会议将污染防治作为今后一个时期的三大攻坚战之一。2018 年 6 月，中共中央、国务院发布《关于全面加强生态环境保护坚决打好污染防治攻坚战的意见》。同月，国务院发布《打赢蓝天保卫战三年行动计划》，提出了落实“大气十条”的第二阶段任务目标，提出从产业结构、能源结构、运输结构和用地结构四方面加强污染的源头防治。具体包括：

调整产业结构，推进产业绿色发展。优化产业布局，严控“两高”行业产能，强化“散乱污”企业综合整治，深化工业污染治理，大力培育绿色环保产业。

调整能源结构，构建清洁低碳高效能源体系。有效推进北方地区清洁取暖，

---

① 2013 年《中国生态环境状况公报》。

② 2017 年《中国生态环境状况公报》。

抓好天然气产供储销体系建设，重点区域继续实施煤炭消费总量控制，开展燃煤锅炉综合整治，提高能源利用效率，加快发展清洁能源和新能源。

调整运输结构，发展绿色交通体系。大幅提升铁路货运比例，加快车船结构升级，加快油品质量升级，强化移动源污染防治。

调整用地结构，推进面源污染治理。实施防风固沙绿化工程，推进露天矿山综合整治，加强扬尘综合治理，加强秸秆综合利用和氨排放控制。

与2013年提出的治理措施相比，“大气十条”第二阶段的措施更加强调加大综合治理力度，强调强化源头防治，清晰点明产业结构、能源结构、运输结构和用地结构与污染防治的关联。

2. 雾霾治理目标

按照2018年中共中央、国务院发布的《关于全面加强生态环境保护坚决打好污染防治攻坚战的意见》，到2020年环境治理的总体目标是，生态环境质量总体改善，主要污染物排放总量大幅减少，环境风险得到有效管控，生态环境保护水平同全面建成小康社会目标相适应。具体的要求是：到2020年，二氧化硫、氮氧化物排放总量分别比2015年下降15%以上；PM2.5未达标的地级及以上城市浓度比2015年下降18%以上，地级及以上城市空气质量优良天数比率达到80%，重度及以上污染天数比率比2015年下降25%以上；提前完成“十三五”目标任务的省份，要保持和巩固改善成果；尚未完成的，要确保全面实现“十三五”约束性目标；北京市环境空气质量改善目标应在“十三五”目标的基础上进一步提高。

在《“十三五”生态环境保护规划》中，确定了我国到2020年空气质量的改善目标（如表1-2所示），除了“地级及以上城市重度及以上污染天数比例下降（%）”为预期性指标外，其他均为约束性指标。

我国未公布空气质量的中长期目标，但国家空气质量标准和世界卫生组织的相关标准可以作为重要参照。2017年，我国PM2.5年均浓度平均为43μg/m^3，京津冀地区平均为64μg/m^3，而国家二级标准是35μg/m^3，世界卫生组织关于PM2.5的空气质量准则值年平均浓度是10μg/m^3，未来的污染治理任务依然艰巨。

表 1－2　到 2020 年我国的空气质量目标

指标	2015 年	2020 年	累计	属性
地级及以上城市空气质量优良天数比率（%）	76.7	>80	—	约束性
细颗粒物（PM2.5）未达标地级及以上城市浓度下降（%）	—	—	〔18〕	约束性
地级及以上城市重度及以上污染天数比例下降（%）	—	—	〔25〕	预期性
主要污染物排放总量减少（%），其中：化学需氧量	—	—	〔10〕	约束性
氨氮	—	—	〔10〕	约束性
二氧化硫	—	—	〔15〕	约束性
氮氧化物	—	—	〔15〕	约束性

资料来源：《“十三五”生态环境保护规划》。

另外，党的十九大提出的两阶段目标中描绘了各阶段生态文明建设的情景，也是未来工作的重要指引。从 2020 年到 2035 年，是党的十九大提出的从全面建成小康社会到基本实现现代化的阶段，提出生态环境根本好转，美丽中国基本实现的目标。从 2035 年到 21 世纪中叶，是我国建成富强、民主、文明、和谐、美丽的社会主义现代化强国的阶段，到那时我国物质文明、政治文明、精神文明、社会文明、生态文明将全面提升（如表 1－3 所示）。

表 1－3　能源革命和生态文明建设目标对照

	到 2020 年	到 2035 年
能源革命目标	全面启动能源革命体系布局，推动化石能源清洁化，根本扭转能源消费粗放增长方式 能源消费总量控制在 50 亿吨标准煤以内；非化石能源占比 15%；为如期全面建成小康社会提供能源保障	能源消费总量控制在 60 亿吨标准煤以内，非化石能源占能源消费总量比重达到 20% 左右，天然气占比达到 15% 左右；初步构建现代能源体系
生态文明建设目标	生态环境质量总体改善，主要污染物排放总量大幅减少，环境风险得到有效管控，生态环境保护水平同全国建成小康社会目标相适应	生态环境质量实现根本好转，美丽中国目标基本实现（到 21 世纪中叶，生态文明全面提升，实现生态环境领域国家治理体系和治理能力现代化）

资料来源：根据公开资料整理。

（三）民生用能

民生保障是党的执政基础，是所有工作的出发点。党的十九大报告指出，带领人民创造美好生活，是我们党始终不渝的奋斗目标，必须始终把人民利益摆在至高无上的地位。保障和改善民生要抓住人民最关心、最直接、最现实的利益问题，不断满足人民日益增长的美好生活需要。

能源是人类社会发展的物质基础，随着人民生活水平的提高，能源保障社会进步和谐、人民生活幸福安康的作用更加显著。民生用能保障是我国能源政策的重要目标之一。民生用能意味着从能源可获得性、价格可负担以及服务便利化等方面得到保障。

一是完善居民用能基础设施，提高能源普遍服务水平。《能源“十三五”规划》提出，推进新一轮农村电网改造升级工程，实施城市配电网建设改造行动，促进城乡网源协调发展。统筹电网升级改造与电能替代，满足居民采暖领域的电能替代。加快天然气支线管网建设，扩大管网覆盖范围。在天然气管网未覆盖地区推进液化天然气、压缩天然气、液化石油气直供，保障民生用气。同时，天然气利用有着明确的优先顺序。2012 年出台的《天然气利用政策》规定了对居民生活、公共服务设施、集中式采暖等用气方式要优先予以支持，尽力保障供应。在冬季用气高峰期用气需求无法全部满足时，实施民生优先的“压非保民”措施，压减气量全部用于保障民生，确保民生用气需要。通过提高天然气供给普及率，全面释放天然气民用需求，2020 年城镇气化率达到 57%，用气人口达到 4.7 亿。

二是完善民生用能价格。降低民生用能成本一直是我国能源发展的重要目标。2017 年开始实施北方地区清洁供暖价格政策，按照企业可持续、居民可承受的原则，国家推出上网侧峰谷电价、输配电价改革、可再生能源直接交易、“煤改气”“煤改电”等优惠价格政策，降低了居民的用能成本。

三是提供便利化的能源服务。《能源“十三五”规划》提出，完善能源设施维修和技术服务站，培育能源专业化服务企业，健全能源资源公平调配和应急响

应机制。推动水、电、气热计量器具智能化升级改造，加强能源资源精细化管理。

（四）三者关系

从能源转型、雾霾治理与民生用能的政策取向和发展目标看，三者之间关联密切，需厘清三者关系，调整政策方向，协调推进，最终实现经济社会发展的总体目标。

1. 手段和目标

能源转型是手段，雾霾治理是目标。推动能源转型是从源头防治雾霾、改善空气质量的有效手段。IEA《世界能源展望报告 2016 之空气污染特别报告》指出，超过 99% 的二氧化硫与氮氧化物、85% 的 PM2.5、92% 的一氧化碳以及 66% 挥发性有机化合物排放来自能源，包括在电力、工业、居民生活、交通源、农业源等领域的排放。在我国化石能源使用中所产生的二氧化硫、氮氧化物和 PM 2.5 等污染物也是大气污染的重要来源。我国一次能源消费中，煤炭占比为 60% 左右，电煤是相对清洁的煤炭利用形式，但目前只占煤炭消费总量比重的 50% 左右。近年来，环保部门加快了对大气污染源的解析工作，从各地来源解析结果看，目前 PM2.5 的主要来源是燃煤、工业、机动车、扬尘和生物质燃烧等，占 85% ~90%，而前三者均与化石能源的使用直接相关。

2018 年中央财经委第一次会议提出污染防治要坚持源头防治，调整“四个结构”，做到“四减四增”，包括调整产业结构，减少过剩和落后产业，增加新的增长动能；调整能源结构，减少煤炭消费，增加清洁能源使用；调整运输结构，减少公路运输量，增加铁路运输量；调整农业投入结构，减少化肥农药使用量，增加有机肥使用量。其中，能源结构调整是源头防治污染的四项手段之一。调整能源结构，减少煤炭消费，增加清洁能源使用，是源头防治污染的重要手段之一，只有从源头上使污染物排放大幅降下来，环境质量才能明显好上去。因此，能源清洁低碳转型与雾霾治理是手段与目标的关系。

2. 底线和发展

民生问题是经济社会发展的底线，任何形式的发展都不能忽视或突破这一底线，这是践行以人民为中心的发展理念的根本要求。能源转型和雾霾治理均与人民群众生活紧密相关。随着人民对美好生活向往的需求日益提高，对于清洁能源和良好生态环境的需求越来越迫切，满足人民的这些现实需求就是保障民生。

推动能源转型和雾霾治理，是因为生态环境恶化已经成为经济社会可持续发展的瓶颈和全面建成小康社会的明显短板，是重要的民生之患、民心之痛，但如果为了实现转型和治理的目标，在清洁能源供给体系发展得尚不充分、无法满足需求快速增长的情况下，“一刀切”地禁止使用传统能源，强推清洁能源，是本末倒置之举，这样的“发展”，破坏民生福祉、突破民生底线，得不到人民的认可，也不可能得以实施。

3. 短期和长期

雾霾等环境问题事关人民健康，从“大气十条”“蓝天保卫战”到“污染防治攻坚战”，都是目标任务明确、要求短期内见到明显成效的政策体系，体现了污染形势的严峻和国家治污的决心，也是政府将民生放在首位的最好体现。但雾霾治理牵一发而动全身，正如前文所提到的，源头治理涉及“四个结构”调整，而任何一项结构调整都不是短期内可以完成的，涉及制度体系的调整和完善，也需财政、金融等相关政策的配合和支撑，离不开长期的战略安排和分阶段的逐步实施。

在政策制定和执行过程中，分清目标和手段、底线和发展、短期和长期等关系，有助于通过科学方式改善环境质量，提高民生福祉，实现经济社会发展目标。

（五）天然气是当前三者协调发展的关键

天然气具有清洁低碳的特性，且是居民生活和取暖用能的重要能源之一。扩大天然气供应能力，提升天然气在我国能源消费中的比重，既有助于我国能源转型和雾霾治理目标的实现，也是补齐生态环境短板过程中保证民生用能不受影响的关键。

1. 天然气是能源转型的主体能源

根据《BP 能源统计年鉴 2018》，2017 年，全球能源消费中，煤炭、石油和

天然气占比分别为27.62%、34.21%和23.36%，水电和可再生能源占比则刚刚超过10%。全球天然气的供应潜力非常大。全球累计已探明天然气储量186.9万亿立方米，到2016年底，全球常规天然气可采资源量近470万亿立方米，非常规天然气则高达920万亿立方米。

天然气也是我国未来的重要的清洁能源品种。我国大规模使用天然气较晚，天然气在能源消费中占比仅为7%，远低于全球超过20%的占比，但近年来天然气需求快速增长，天然气在我国能源消费总量中的比重将快速提升，在我国能源体系中的地位也越发突出。按照国家规划，到2030年，天然气消费占比将超过石油，达到15%，真正成为我国的主体能源。

2. 天然气替代是污染源头治理的手段之一

与煤炭和石油相比，天然气是最为清洁的化石能源（见表1-4），与可再生能源相比，现阶段则具有供应稳定、可持续的优势。大气污染是建成小康社会和经济高质量发展的主要短板之一，能源转型是源头治污最为重要的手段，而要在2020年实现空气质量的大幅好转，最为现实可行的选择就是扩大天然气的消费。

表1-4 化石燃料燃烧产生的污染和碳排放比较 单位：$1b/10^6$ Btu

化石燃料	煤炭	石油	天然气
NO_X	457	448	92
SO_2	2591	1122	0.6
粒状污染物	2744	84	7
CO_2	208000	164000	117000

资料来源：根据公开资料整理。

3. 天然气是民用领域的主力能源

天然气在民用领域普及率不断提高，城镇居民气化率已经达到40%，虽然与欧美等发达国家近90%的水平相比仍然不高，但这一比例将持续提升，预计到2020年气化率将提升到50%~55%，2030年将提升至65%~70%。2015

年，我国气化人口为3.3亿，预计到2020年将达到4.7亿，反映了居民用气的稳步发展。近年来，随着清洁取暖的推进，天然气正在成为民生用能的主力能源。

从目前情况看，我国煤炭的主体地位在短期内很难改变，而从煤炭、石油为主体能源的时代，跨越到可再生能源为主体能源的时代，目前尚不具备条件，最好的选择就是天然气。提高天然气消费比重是我国优化能源结构、治理大气污染的重要举措，也是满足人民对美好生活向往的重要手段。

二、能源转型、雾霾治理与民生用能协调推进面临两大矛盾

2017年是“大气十条”第一阶段任务的收官之年，采暖季的空气质量状况直接决定了这一目标任务能否实现，环保部门加大了对“煤改气”落实情况的监察力度，但短时间内、大规模推广“煤改气”，导致用气需求超常规快速增长，远远超出了天然气供应能力，成为引发“气荒”的重要因素之一。此次“气荒”正是我国能源转型、雾霾治理与民生用能三者不协调的集中表现，而三者难以协调推进的根源在于，雾霾治理的迫切要求与清洁能源供应能力不足之间存在矛盾，以及清洁能源的高成本与民众承受能力之间存在矛盾。

（一）雾霾治理的迫切要求与天然气等清洁能源供应能力不足之间的矛盾

我国生态环境的承载能力已达上限，正在快速恶化，污染治理需短期内见成效，但偏重化工业的产业结构、偏化石燃料的能源结构等才是污染产生的根源，不解决调整结构，就是治标不治本。

1. 雾霾治理的紧迫性和长期性并存

经过近几年大力度的污染治理，我国生态环境虽然持续好转，但与人民的冀

望和小康社会的要求仍存在一定差距，治理任务远未完成。2017 年，全国 338 个地级及以上城市中，仅有 99 个城市环境空气质量达标，占全部城市数的 29.3%，其余 239 个城市环境空气质量均超标。京津冀地区 13 个城市空气质量平均超标天数比例达到 44.0%。

2018 年我国雾霾治理进入了新的阶段。9 月国务院发布《打赢蓝天保卫战三年行动计划》，而污染防治攻坚战也被作为决胜全面建成小康社会的三大攻坚战之一。这意味着未来三年污染治理特别是雾霾治理仍然是重要而紧急的任务。同时，雾霾治理成效对于能源转型的依赖在增强。如果说在“大气十条”执行的五年间，还可以通过加大执法力度、提高环境标准等方式开始末端治理，经过高强度治理，环境违法问题已经得到有效控制，环境标准也已经相对完善，再依靠末端治理是实现不了更高的环境质量标准的，未来必须进行更有效率的源头治理。

2. 以天然气为代表的清洁能源供应能力受制于多重因素

生态环境问题已成为能源转型的最重要的推动力。自 2013 年以来，面对生态环境压力，我国持续加快能源结构调整，主要的方向是减煤增清洁能源，具体行动是“煤改电”和“煤改气”等清洁能源替代方式。

2013 年 9 月，国家环境保护部、发展改革委等部门联合发布《京津冀及周边地区落实大气污染防治行动计划实施细则》，提出到 2017 年底的煤炭削减目标，要求北京市净削减原煤 1300 万吨，天津市净削减 1000 万吨，河北省净削减 4000 万吨，合计为 6300 万吨标煤，折合天然气 400 多亿立方米。由于气代煤比电代煤更加普遍，是主要的替代形式，因此基本可以计算出减煤对于天然气的需求量。在巨大的空气污染治理压力下，未来仍会大规模推进煤炭替代。最新出台的《北方地区冬季清洁取暖规划》提到，2019 年北方地区替代散烧煤 7400 万吨，到 2021 年，北方地区替代散烧煤 1.5 亿吨。由此可见，未来几年我国天然气需求缺口将持续存在，供应压力很大。据中国石油集团经济技术研究院最新预测，受经济和政策因素双重驱动，预计 2018 ~ 2020 年全国天然气消费量年增 250 亿 ~ 300 亿立方米，2018 年需求缺口在 120 亿 ~ 150 亿立方米。

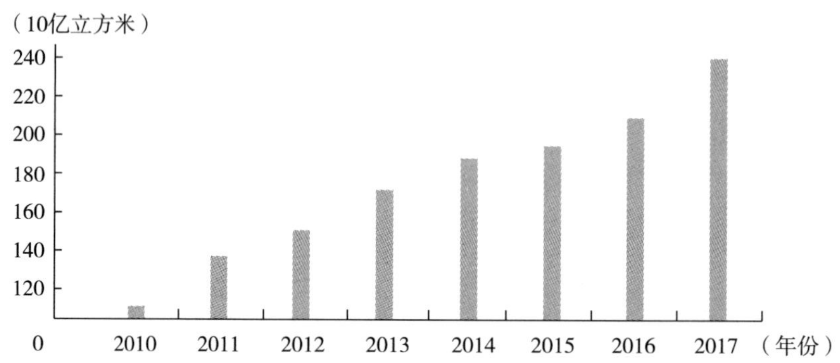

图 1－1　2010～2017 年我国天然气消费量

在国际天然气市场供应宽松的情况下，我国天然气却持续存在供应紧张问题，主要原因是我国天然气行业发展起步晚，天然气运输管道、进口天然气接收站、天然气储气设施等基础设施条件有限，以及新增需求增长过快。我国天然气管道里程仅有 7.4 万千米，相当于美国的 15%，而管网负载程度却相当于美国的两倍。此外，储气能力严重不足，我国地下储气库只有全国表观消费量的 3.2%（远低于全球 13%～15% 的平均水平），导致调峰能力极弱。过去 2～3 年，天然气体制改革进展缓慢，国内资源勘查开采和管网等基础设施建设几近停滞，而基础设施的建设周期相对较长，短期内难以应对消费需求的快速增长。

同时，目前煤炭仍然是我国的主体能源，在一次能源消费中占比超过 60%，天然气占比不足 10%，要完成天然气对煤炭的替代是一个长期过程，更何况我国天然气管道长度、LNG 接收站数量都与天然气利用历史较长国家有很大差距，短时间内没有办法大幅提高天然气供应能力，这是我国能源转型的重要制约，也是客观现实。

（二）天然气等清洁能源的高成本与民众承受能力之间的矛盾

近年来，以天然气代替煤炭用于冬季取暖的做法在京津冀及周边地区得到大力度推进，对于改善区域空气质量起到了重要作用，但由于天然气使用成本较高，而推进地区多为低收入人群较为集中的城郊和农村地区，虽有政府的取暖补

贴，但与使用煤炭相比，取暖费用仍然有较大增加。据对河北和山东的清洁取暖入户调查①，改造前，居民取暖成本基本在2000元左右，符合农村居民对采暖费用的普遍预期。改用天然气取暖后，户均取暖费用大幅增加，是散烧煤费用支出的2～3倍，即便在获得补贴后取暖费用也在4200元左右。目前政策规定的政府补贴周期是三年，未来政府补贴一旦退出，则意味着居民在未来相当长时间内可能都要承担比原先更高的冬季采暖费用。

现阶段清洁能源替代传统化石能源是我国应对国内生态环境恶化风险，履行应对全球气候变化承诺的必由之路。清洁能源的经济性问题一直是其快速发展的主要障碍，也是其与雾霾治理、民生保障两者协调推进的主要矛盾所在。

三、能源转型、雾霾治理与民生用能协调推进的体制障碍

在能源转型、雾霾治理与民生用能三者矛盾的困局背后，是我国能源和环境管理体制存在的深层次问题，而2018年冬季的“气荒”则是天然气体制改革滞后所导致的必然结果。

（一）能源和环境体系缺乏协调治理机制

政府是一个多目标、多任务的组织，既要确保能源安全和稳定供应，价格可承受，又要推动生态环境的持续改善。这些目标和任务所对应的职能分散于不同的政府部门，如果各自为政或政策协调机制不健全，就会导致上述政策目标无法同时实现，政策效果打折扣。

1. 政府主管部门之间缺乏统筹，各自为政

我国天然气利用规划、资源供应安排和价格监管由发改委和国家能源局负

① 中国煤控研究项目系列报告《中国散煤综合治理调研报告2018》，http：//coalcap. nrdc. cn/。

责；“煤改气”项目的审批由住建部负责；“煤改气”行动由环境保护部（已更名为生态环境部）主推，而具体执行实施是各级地方政府负责。

环境部门为实现大气污染治理第一阶段的目标，加大“煤改气”的推行力度，却没有充分考虑能源供给能力和需求大幅增长对价格可能产生的影响。2017年2月和8月，环保部联合发改委、能源局等多部门和相关地方政府分别发布《京津冀及周边地区2017年大气污染防治工作方案》和《京津冀及周边地区2017～2018年冬季大气污染综合治理攻坚行动方案》对大气污染防治工作提出具体目标要求，对于“煤改气”工程要求10月底前完成改造。但从执行过程和最终结果来看，环境主管部门作为京津冀及周边地区大气污染防治的牵头部门，在下放这两个紧急文件时，对于“煤改气”的气源落实情况并没有充分的了解，对于可能出现的风险及应急措施，比如，一旦气源不足，现有储气能力是否能应对新增需求等，也并没有应对方案。

能源主管部门作为上述两个紧急文件的共同发布部门，对于煤改气的实施情况和进度也缺乏足够的了解和监督，导致其在对气源供应和储气调峰能力熟知的情况下，却没有对煤改气的规模和推进时机提出质疑。虽然上述两个方案中都提到了相关企业要做好气源供应保障和供用气衔接工作，但这样的要求显然并没有落实在行动上。

这反映了我国能源和环保部门此次在“煤改气”工作层面既缺乏统一的科学规划，也未做好沟通协调，各自为政，直接导致对市场供需判断失误，引发一连串后续问题。在“气荒”发生之后，舆论矛头指向主推“煤改气”的环境主管部门，当时的环保部紧急发文叫停了部分“煤改气”项目，对工作失误进行补救，期间其他主管部门并未发声，这也从侧面反映出，在“煤改气”问题上，各主管部门虽然均联合发文，看似建立了有效的沟通协调机制，但实质上仍是各自为政。

2. 中央与地方之间缺乏有效反馈机制

“煤改气”问题也暴露出中央与地方政府间的低效协作。地方政府出于争取中央财政补贴、增加地方政绩等因素的考量，在计划量的基础上，纷纷加大实际

改造力度，导致全国实际推进的煤改气工程的规模远大于原定计划。按国家层面要求，到2017年10月底，京津冀大气传输通道"2＋26"城市完成以电代煤、以气代煤改造300万户以上。实际完成的煤改气和煤改电用户超过400万户，远远超出国家计划。河北省煤改气和煤改电的计划量是180万户，但实际完成量为250万户，超过计划70万户。有些地方政策执行手段简单粗暴，甚至提出如果2017年完不成任务，今后就不能再享受补贴的要求，各地政府便纷纷加量改造。由于中央与地方政府之间缺乏有效的反馈机制，对于各地在政策执行过程中存在的问题，中央各部门并不了解，导致未能及时纠正和制止问题。这也是我国政府部门长期存在的"重政策制定，轻政策执行""重结果、轻过程"管理方式和手段的再次重演。

3. 政府与企业之间缺乏明晰的行为边界

在污染防治的重点区域，为实现污染物减排目标，部分政府在环保督察执法中存在未查明企业污染物排放是否达标的情况下，以环保为由要求企业停工停产，甚至要求企业"一律关停""先停再说"。这些简单粗暴的行为反映出我国政企关系明显的强弱关系，虽然政府"放管服"等行政改革持续推进，但政府越位、执法"一刀切"等行为方式仍普遍存在，对企业正常经营产生了非常严重的影响，也给政府形象造成了极坏的社会影响。近期，生态环境部发布《禁止环保"一刀切"工作意见》，是对上述行为的反思和警醒。

（二）雾霾治理"一刀切"影响系统治理效果

此次"气荒"的舆论矛头对准了力推"煤改气"的生态环境主管部门，指责其不顾能源供应现实条件和地区经济水平差异，"一刀切"推动以"煤改气"为主要手段的散煤替代，不仅影响了群众取暖，对于那些合法经营、达标排放的企业运营也产生了负面影响。之所以产生这样的问题，既与生态环境主管部门的职责设定有关，也与我国环境治理模式有很大关系。

生态环境主管部门主导"煤改气"工作力不从心。正如前文提及，2018年4月中央财经委员会第一次会议强调，打好污染防治攻坚战要坚持源头防治，调整

“四个结构”，即产业结构、能源结构、运输结构和农业投入结构。污染防治肯定是生态环境部门的重要职责之一，但最高效的污染防治方式是源头防治，而从源头看，上述提到的产业结构、能源结构、运输结构和用地结构的调整远不是环境部门可以决定的。从本质上讲，“煤改气”属于能源结构调整，当然从工业企业角度看，也属于产业结构调整范畴，由生态环境部主推“煤改气”与其承担着京津冀及周边地区大气污染防治领导小组的日常工作有关，“煤改气”只是大气污染的防治手段之一，生态环境部门参与相关工作无可厚非，但作为“主推”部门，就显得名不副实，从结果来看，也确实“力不从心”。

环境治理体系中市场化手段运用不充分。自 20 世纪 80 年代建立起环境治理体系后，我国一直依赖于行政手段为主的环境管理方式，近年来国家对生态环境保护空前重视，加强监管体系和法制体系建设，也加大了财政补贴力度，但直到 2018 年环境保护税正式实施后，在生态环境保护政策工具箱里才有了较为有效的市场化工具。但从能源转型角度看，环境税的作用发挥得并不充分。煤炭和石油等化石能源的开采和使用是生态破坏和环境污染的重要来源，通过征收资源税和环境税提高了能源开采和使用的成本，但能源作为重要的生产生活必需品，价格过高会对经济社会产生极大影响，所以目前的能源价格并未完全体现其对于生态环境的负面影响，导致对环境负面影响大的能源价格偏低，天然气和可再生能源等清洁能源的价格缺乏竞争力，影响供给，也对清洁能源的研发和投资活动产生抑制。与行政手段相比，市场化手段具有更大的灵活性，有利于降低管理成本，也更能激发市场主体的积极性和主动性，应成为我国环境治理体系的主要工具，以改变目前过度依赖行政手段的状况。

（三）天然气全产业链改革滞后导致供给不足且成本较高

在我国“气荒”并不是偶发现象，年年“气荒”的背后是我国天然气行业发展的深层次矛盾和问题，其根源在于我国天然气行业市场化改革滞后，导致天然气资源长期供应不足，且成本较高，自然无法满足生态环境和民生改善对于清洁高效可负担能源的需求。

上中游纵向一体化垄断格局是我国天然气行业发展的最根本的体制障碍。由于历史原因，我国形成了目前的由三大国有石油公司（以下简称“三桶油”）控制的纵向一体化垄断格局。在上游天然气生产领域，由于市场准入限制，目前超过90%的优质区块资源都被“三桶油”掌控，其天然气产量占我国天然气总产量的90%以上，对一些区块资源“占而不采”，严重影响了天然气的开采效率，限制了上游气源量。

液化天然气（LNG）进口方面，虽然国家已经放开对上游LNG的进口限制，促进进口主体多元化，但由于LNG接收站主要是“三桶油”所建，几乎不对外开放使用。除了接收站外，长输管道也不向第三方开放。长输管道是在整个天然气行业中属于非常关键的一环，承接上游的生产进口和下游的配送销售，属于自然垄断环节，由“三桶油”少数企业经营有其合理性，但长输管道不对其他市场主体开放，导致除“三桶油”之外的企业有气源却没有管道，严重影响了产业上游的市场化改革。

下游管网层级多，人为抬高天然气价格。天然气经过“三桶油”的长输管道后应直接进入城市燃气企业建设的城市配气管网送至终端用户。但近年来，各省纷纷建设了省级天然气管网，相当于在长输管道和城市配气管网之间增加了一级“转运”管网，收取“管输费”，人为增加了天然气成本，抬高了天然气价格。

民用天然气价格缺乏弹性，影响改革进程。我国天然气价格市场化正处于改革过程中，目前市场化定价与政府管制定价并存（LNG价格为市场化定价，管道气价格是受管制的），受管制的居民用气价格与可以浮动的非居民用气价格并存。供气成本高的居民用气价格低，而供气成本较低、用气稳定、具有可中断性的工商业用气价格高，这与国际上的通行做法相悖。民用气价的调整涉及民生，对政府来说是两难的选择。当前，我国民用气价偏低且缺乏弹性，已经影响了能源市场化改革进程。

能源转型过程中，更清洁的能源替代煤炭、石油等传统能源是必由之路，未来天然气承担着成为主体能源的责任，但目前天然气全产业链上中下游都存在着不同程度的垄断经营，严重阻碍了行业的可持续发展，迫切需要打破行业垄断，引入竞争，提高天然气行业运行效率，降低成本。

四、协同推进能源转型、雾霾治理与民生用能的思路和建议

推进能源转型和雾霾治理，要树立以实现人民的美好生活需要为最终目标的理念，既要坚定方向，也要把握节奏，加强统筹协调，通过持续推动市场化改革，最终实现能源转型、雾霾治理与民生用能的协调推进。

（一）能源转型和雾霾治理须以保障民生用能为底线

党的十九大已明确，我国社会的主要矛盾已经转化为人民日益增长的美好生活需要和不平衡不充分发展之间的矛盾。这意味着满足人民的美好生活需要将是今后各领域改革发展的重要指引，任何脱离了这一目标的政策和行动都是不合格的。能源转型和雾霾治理都是长期战略任务，既要坚定改革的方向不动摇，又要把握改革节奏，不能因短期目标的影响，不顾经济社会承受能力，突击推进。在转型过程中，要充分考虑能源供应的稳定性和价格的可承受性，保障人民群众“用得上、用得起、用得好”清洁能源，充分体现以人民为中心的发展理念。

（二）完善能源—环境协同治理机制

能源转型与雾霾治理的目标高度协同，完善能源—环境协同治理机制，可以有效提升能源和环境治理水平，有助于建立起高效的能源和环境综合管理体系。能源环境协同治理是实现国家治理能力现代化的重要内容，应从更高视角看待这一问题，推动完善相关机制。

由中央深改委下设的经济体制和生态文明体制改革专项小组统筹经济—能

源—环境协同治理工作。此次的“气荒”危机证明了当前的部际会商机制并不能解决各行政主管机构更专注本部门利益的问题，能源转型和污染防治既有长期性又有紧迫性，应建立更高层级的决策机制，精准应对当前问题。中央深改委是改革的最高议事机构，由其下的专项小组负责能源环境协调工作是最有力度的。另外，基于经济结构调整对于能源转型和污染防治的重要性，在这一协调机制上加上“经济”有助于解决经济与能源、环境和民生的综合协调问题。

明确中央与地方政府具体的职责划分。我国中央与地方的职责和权限有总体性规定，但缺乏具体的细化规则，导致中央与地方职责划分不清晰，实际执行过程中往往需要一事一议，也必然导致中央政府难以对地方政府的责任落实情况进行准确评价。要解决能源环境协调治理难题，就需要从根本上明确中央与地方各自的职责，只有职责明确，才能相应地确定财权的分配原则和财政资金的使用方向，真正建立起中央对地方更高效的约束和激励机制。

通过深化政府职能转变，建立起健康高效的政企关系。“放管服”改革就是用政府的减权限权和监管改革，换来市场活力和社会创造力的释放。应加快“放管服”的改革步伐，推动政府职能的深刻转变，形成政府依法行政，坚决保护合法合规企业权益的良好社会环境，建立并维系健康高效的政企关系。

（三）推动天然气产供储销全产业链改革，全面提高天然气供给能力

推动能源领域的市场化改革，壮大清洁能源产业，建立现代能源体系，是协调能源转型、雾霾治理和民生保障的有效途径和化解矛盾的必要手段。应强化天然气的战略定位，壮大天然气产业。天然气产业做大做强的关键在于建立统一开放、公平有序的天然气市场体系。为此，应从上、中、下游推动天然气产供储销全产业链的市场化改革，将天然气销售业务和管道运输业务分离，实现管输业务独立和管输价格独立，放开上游气源和下游终端销售市场，实现多买多卖，市场竞价。同时，通过拓宽天然气进口渠道，进行海外合作开发区块布局，积极参与国际能源治理等多种形式保障国家能源安全。具体建议如下：

深化生产环节矿业权改革。一是加快建立勘查区块竞争出让制度。目前，国

家已经收回部分三大油气企业未利用的天然气区块，勘查资质已完全放开，初步具备竞争性出让矿权的条件。下一步，可以考虑拿出部分天然气、页岩气区块，按照价高者得的原则实行招标出让探矿权。二是竞争出让枯竭油气藏资源。将枯竭油气藏设立为一种新的矿权。国家从三大油气企业中收回具备条件但未建立储气库的枯竭油气藏资源，通过竞争性出让的方式招标拍卖。允许各类投资主体从事储气库建设，提高天然气的调峰能力。组织新一轮建库资源普查，为中远期储气库建设提供优质可靠的目标。三是实行更加严格的区块退出机制。提高天然气矿权使用费标准，提升最低勘查投入标准，鼓励加大投入。制定枯竭油气藏使用费标准。建立天然气矿业权、枯竭油气藏矿权二级市场，允许企业在满足法定条件下交易转让。四是合同约定权利。今后国家在出让天然气、枯竭油气藏矿业权时，可以采用租约形式，制定出一套矿业权出让行政合同，矿产资源主管部门与受让方约定权利义务。合同内容可以包括，出让的油气矿权的范围和性质、矿权期限、勘探和开发义务、最低义务工作量、环保安全责任义务、争议解决等必备条款。

实施天然气销售业务与输送业务分离。将天然气销售业务与输送业务分离，即“网销分离”是发达国家天然气市场化改革的共同做法，也是符合天然气产业链属性特点和行业发展趋势的改革路径。我国油气体制改革方案和管输价格独立成本监审相关文件已明确要求，未来天然气改革要将销售业务和管输业务进行分离，实现财务独立核算。下一步应从体制上进行剥离，成立独立的天然气管道公司，从根本上理顺价格形成机制。可以考虑将原属于三大油气企业的天然气管道、LNG 接收站、储气库以及省级管网独立出来，按照长输管线供气范围和区域天然气市场范围组建若干家管网储运公司。管网储运公司在业务上实行网销分离，不再从事购气和售气业务，实行混合所有制，各类投资主体均可参股。允许和鼓励各类投资主体组建新的管网储运公司，从事管网、LNG 接收站、储气库等相关基础设施建设。建立专门从事天然气监管的机构。监管机构按“准许成本 + 合理收益”的原则制定管网输配价格、LNG 接收站和储气库服务价格，对其公平开放、执行政府定价等行为进行监管。当然，下游城市燃气管网也存在垄断问

题，这方面改革和监管的事权在地方。可以考虑在上、中游改革后，再进行城市燃气的网运分开、放开竞争性业务的改革。

推动天然气管网储运设施公平开放和互联互通。自20世纪90年代以来，我国关于管网独立的讨论从未间断。随着天然气市场的快速发展，管网独立的必要性日益凸显。当前，油气改革面临瓶颈，基础设施和管网建设滞后与天然气快速发展的需要不相适应；产业链高度集中与管网建设多元投资的需求相矛盾；一体化经营与第三方准入相冲突，多种矛盾和冲突集中指向管网环节。只有管网独立，才能剪断气源和管输业务关联交易的“体制脐带”，疏通上下游价格传导机制，形成竞争性的市场化价格。只有管网独立，才能厘清管输成本，明晰管网投资回报，为价格监管和第三方准入奠定基础。同时，管网独立也是推动油气领域国企改革的突破口，是打破一体化经营、提高效率、做强做优国有企业的关键。

根据我国天然气管网的分布特征和天然气价格的改革进程，可成立若干家独立的长输管网公司，专门从事天然气管网的投资运营和天然气运输。制定管网第三方公平开放实施细则，促进各级管网、LNG接收站、储气库等基础设施的无障碍接入和使用。对各种来源的入网天然气制定统一标准，推动采用热值计价，统一天然气计量和质量标准，保证气体质量稳定、可用和安全。加快推动实现管网互联互通，配合第三方公平开放，促进“气”畅其流，进一步降低天然气的运输和配送成本。

进一步完善天然气价格机制。在体制改革不断深化，构建起有效竞争的市场结构和市场体系的基础上，才能最终形成由市场决定的价格机制。未来的价格改革一方面是建立上下游利益协调机制，另一方面是根据体制改革进程，进一步深化改革，为最终完成由市场决定价格的价格改革目标而不断完善机制。具体有：建立上下游价格联动机制；加强城市燃气配气成本监管；完善差别价格政策体系；制定热值计价标准和监管办法；逐步推进非居民用气价格市场化改革。

构建多元化海外天然气供应体系。一是加强与美俄的能源合作，拓宽直接进口渠道。二是优化海外合作开发区块布局。海外并购、股权投资等方式是我国企业“走出去”，获取海外油气资源的便利途径，需继续发挥中石油、中石化等大型央企作用。三是建立稳定的天然气国际市场机制。保障天然气供应安全、价格合理应是未来的工作重点。应进一步加强国内天然气市场建设，特别是油气交易中心的建设，推动形成有序竞争、供需多元的油气市场体系，并加快形成与我国天然气消费能力相匹配的国际定价话语权。依托“一带一路”倡议，构建与沿线国家供需对接、沟通政策、解决问题的平台，建立符合沿线国家实际情况，符合我国长远利益的贸易投资机制，稳定“一带一路”区域的天然气市场。

正确认识我国油气依存度问题。虽然近年来我国油气对外依存度增长较快，但从国际上看仍处于中等水平。从油气资源消费大国的经验来看，通过建立完备的油气市场体系，充分调动产业链各环节的市场竞争，可以做到确保油气资源供应充足和价格稳定。同时，也应充分挖掘国内非常规油气资源，以及地热能、氢能等新能源的利用潜力，也是未来缓解油气对外依存度过快攀升的重要途径。

（执笔人：陈妍、景春梅）

参考文献：

［1］习近平．决胜全面建成小康社会夺取新时代中国特色社会主义伟大胜利——在中国共产党第十九次全国代表大会上的报告［R］．2017－10－18.

［2］国务院关于印发大气污染防治行动计划的通知（国发〔2013〕37号）［Z］．2013－09－10.

［3］国务院关于印发打赢蓝天保卫战三年行动计划的通知（国发〔2018〕22号）［Z］．2018－07－03.

［4］国务院关于促进天然气协调稳定发展的若干意见（国发〔2018〕31号）［Z］．2018－09－05.

［5］卢延国．如何做好现代能源经济这篇文章[J]．能源，2018（4）：86－87.

［6］周淑慧．对当前我国天然气供应紧张问题的思考[J]．国际石油经济，2018，26（2）：28－37.

[7] 魏燃. 环保 VS 能源：不堪重负的天然气[J]. 能源，2018 (1)：42 -43.

[8] 景春梅. 能源革命与能源供给侧改革 [M]. 北京：经济科学出版社，2016.

[9] 景春梅. 气荒背后的体制改革问题[J]. 能源，2018 (1)：44 -46.

[10] 顾海兵，李志云. 国内天然气行业垄断程度研究[J]. 国家行政学院学报，2017 (4)：121 -127，148.

[11] 王敏，徐晋涛，黄卓. 能源体制改革：有效的市场，有为的政府[J]. 国际经济评论，2014 (4)：37 -53，5.

专题报告一　2030年我国天然气供需情景预测分析

2015年以来，我国天然气消费需求实现恢复性增长，特别是2017年再次回到两位数增长水平。未来，天然气在我国能源消费中的比重将进一步提升，预计天然气消费需求仍将呈现高速增长态势。供给方面，国内天然气产量增长平稳，为满足国内增量需求，在较长一段时间内仍需依赖进口，对外依存度将持续提高。国际天然气供给将保持宽松状态，可有效满足我国天然气的进口需求。在进口结构上，LNG在进口气中的比例将进一步提升，进口国家更为多元，管道气进口中俄罗斯进口气比重将加大。从近几年看，我国天然气供需可能出现较以往更大的缺口，需提前做出预案，拓展进口渠道，加大供应保障能力。

一、全球天然气供需情况及发展趋势

近几年，全球能源消费稳步增长，天然气在能源消费中的比重也稳步提升，增速明显高于其他能源品种。根据《BP世界能源统计年鉴2018》的数据，2017年，全球一次能源消费达到135.11亿吨油当量，增长了2.2%，增速高于2016年的1.2%，为2013年以来的最快增长速度，也高于10年平均增速（1.7%）。

化石能源消费继续增长，2017 年为 115.09 亿吨油当量，同比上年的 113.37 亿吨油当量，增长了 1.52%；非化石能源消费为 20.02 亿吨油当量，同比上年的 19.22 亿吨油当量，增长了 4.16%，增速明显快于化石能源。能源消费结构进一步向清洁化、低碳化加速转变。

（一）全球天然气消费情况

自金融危机以来，全球天然气消费总量平稳上升，增速稳定。根据《BP 世界能源统计年鉴 2018》的数据，2017 年，全球天然气消费达到 3.67 万亿立方米，增速为 2.69%。如图 2－1 所示，全球天然气消费量自 2010 年开始恢复性增长后，增速一直在 1%～3%，特别是 2015 年以来，一直稳定在 2% 以上。这表明全球天然气在能源消费中的地位较为稳定。从占比看，2017 年全球天然气消费量在一次能源消费中的比重为 23.36%，略高于 2016 年的 23.18% 水平。

从地区结构变化趋势看（见图 2－2），欧洲及欧亚大陆天然气消费占世界总量的比重继续下降，比重已由 2000 年的 41.76% 一路下滑，到 2017 年为 30.14%。北美洲天然气的消费比重也由 2000 年的 32.8% 下降到 2017 年的 25.69%，其占比波动相对较小，但也呈明显下降趋势。中南美洲天然气消费占比一直较为稳定，保持在 5% 左右的水平。与上述地区相比，亚太地区和中东地区天然气消费的占比上升明显。特别是亚太地区，受中韩等国需求大幅上升的拉动，亚洲 LNG 的进口量大幅攀升。亚太天然气消费的占比由 2000 年的 12.33% 上升到 2017 年的 20.97%，创历史新高。中东地区的天然气消费也由 2000 年的 7.86% 上升到 2017 年的 14.62%。整体来看，LNG 市场向买方倾斜，定价与油价挂钩系数降低；贸易合同的灵活性增强，合同限制性条款减少，目的地条款逐步被淘汰，中短期合同占比增加，合同量缩小。

2017 年，全球天然气消费中（见图 2－3），占比最大的地区仍为欧洲及欧亚大陆地区，其次为北美洲地区，再次为亚太地区，主要受中韩等消费需求拉动。中南美洲的消费量占比最小。

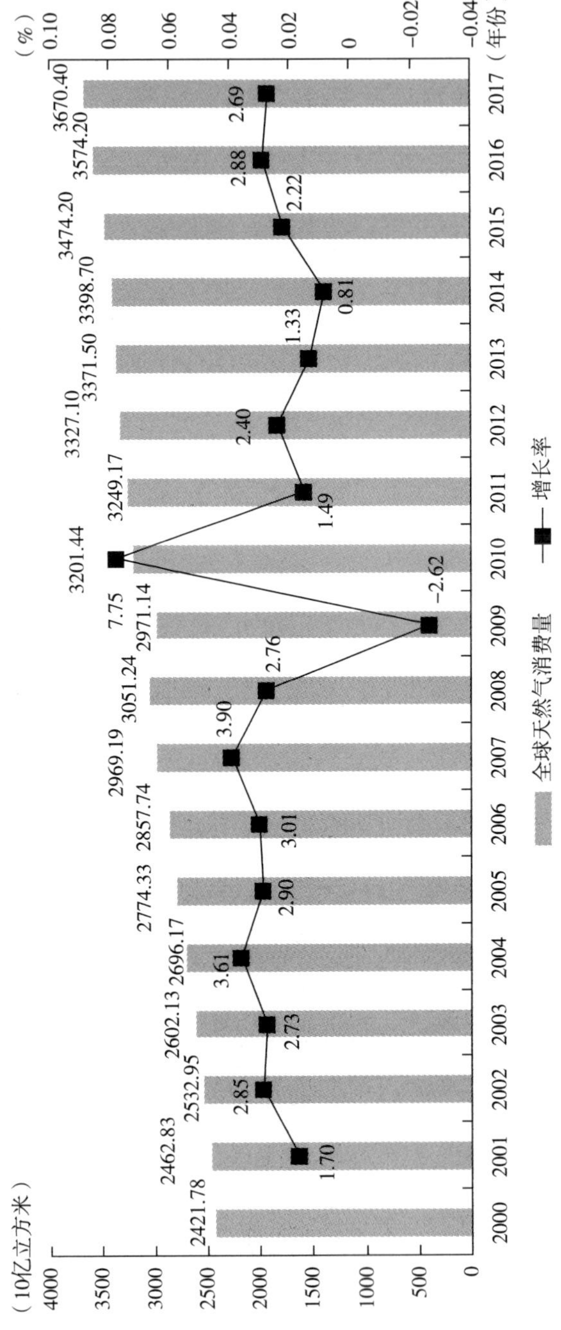

图 2-1 2000～2017 年全球天然气消费量及增长率

资料来源：根据 BP 公司数据计算而得。

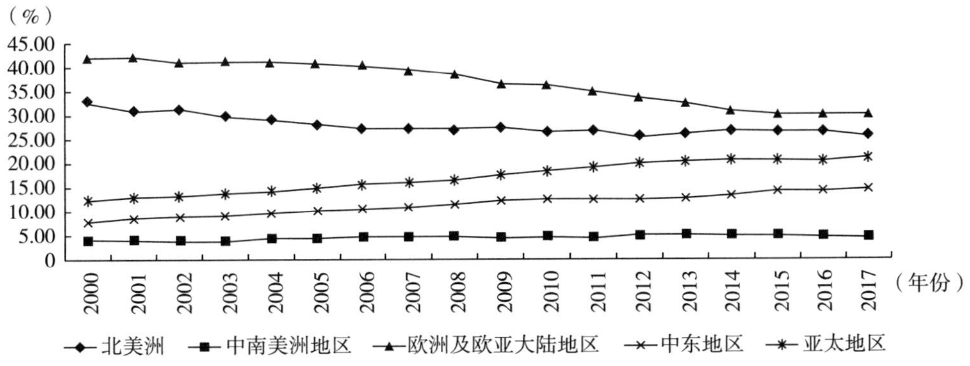

图2－2　2000～2017年全球天然气消费地区结构变化

资料来源：根据BP公司数据计算而得。

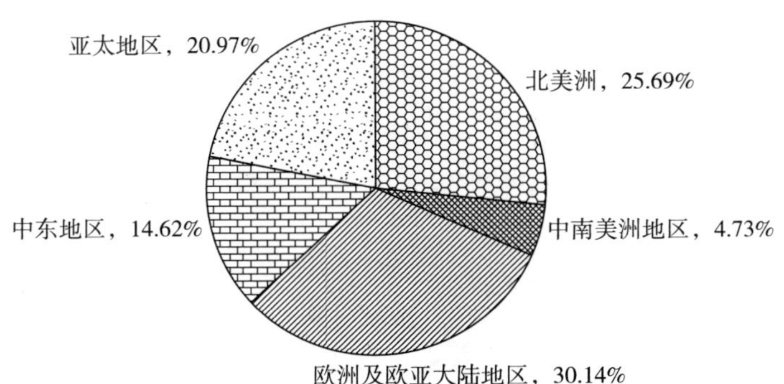

图2－3　2017年全球天然气消费区域结构

资料来源：根据BP公司数据计算而得。

从经合组织国家情况看，自2007年以来，经合组织的天然气消费占全球总量的比重一直下降，由2007年的49.98%下降到2017年的45.71%（见图2－4、图2－5）。相应的，非经合组织国家的天然气消费量占比由50.02%上升到54.29%。

可以预见，随着发展中国家经济的不断发展，人均天然气消费水平的不断提升，非经合组织天然气消费量仍会大幅度上升，其占比将进一步提高。

从国别情况看，美国和俄罗斯仍是排名居世界前两位的天然气消费大国。2017年，美国和俄罗斯天然气消费量合计为1.16万亿立方米，占全球消费总量的31.61%。

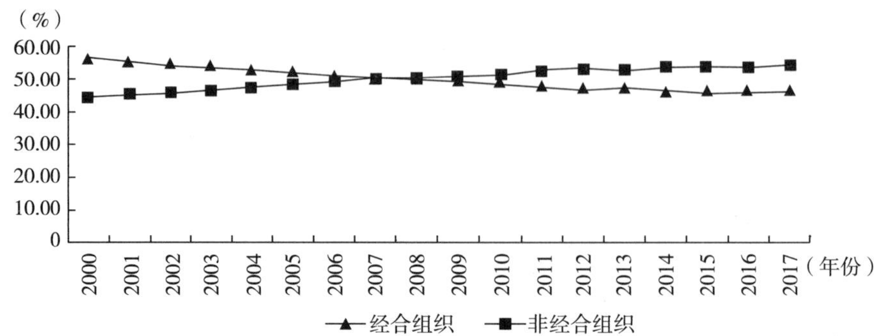

图 2－4　2000～2017 年经合组织和非经合组织天然气消费占比变化

资料来源：根据 BP 公司数据计算而得。

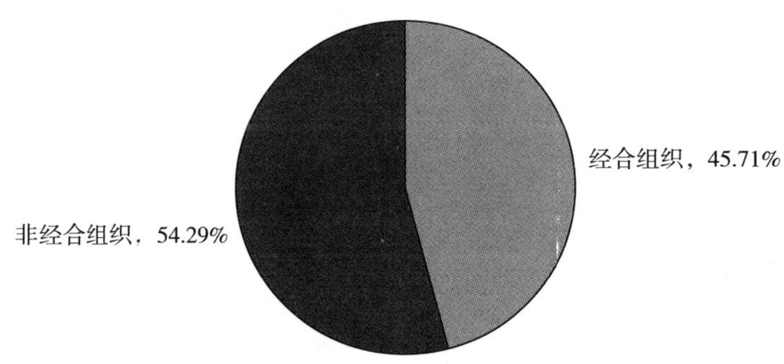

图 2－5　2017 年经合组织天然气消费占比

资料来源：根据 BP 公司数据计算而得。

（二）全球天然气供应情况

2000 年以来，全球天然气供给保持稳步提高态势。除 2009 年受金融危机影响出现产量负增长以外，其他年份的天然气供应均平稳增长。

1. 全球天然气供应能力进一步增强

2017 年，全球天然气产量为 3.68 万亿立方米，增速为 3.68%。如图 2－6 所示，全球天然气产量自 2009 年以来稳步提升，近年来增长率稳定在 2% 左右的水平。2017 年，全球天然气产量增速较 2016 年增加了近 3 个百分点，也高于近年

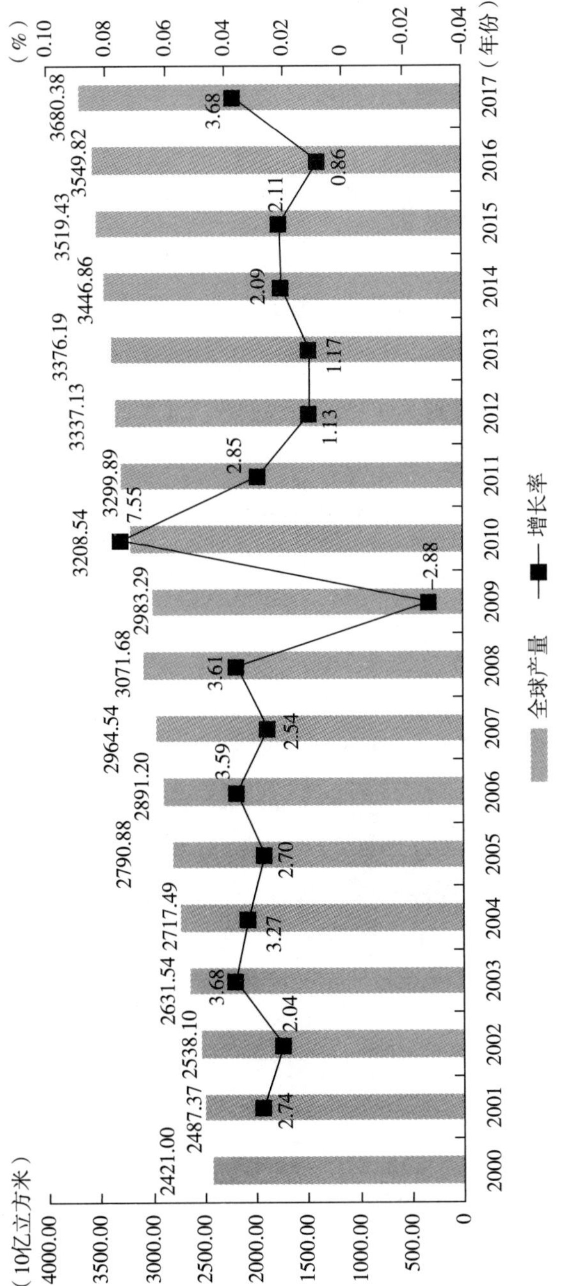

图 2-6　2000~2017 年全球天然气产量及增长率

资料来源：根据 BP 公司数据计算而得。

来的平均增速，体现了全球天然气的供应能力仍较为宽松。特别是美国页岩气的生产能力逐步增加后，有力支撑着全球天然气供应的增长。

从区域结构看，欧洲及欧亚大陆地区、北美洲地区的天然气产量比重以较快速度下降，亚太地区和中东地区天然气产量的比重则大幅提升（见图 2－7）。欧洲及欧亚大陆天然气产量由 2000 年的 38.57% 下降到 2017 年的 28.73%。北美洲的产量占比由 31.54% 下降到 2017 年的 25.85%。与之相比，亚太地区和中东地区天然气产量在全球总量中的占比稳步提升。其中，亚太地区的天然气产量由 2000 年的 11.53% 上升到 2017 年的 16.51%；中东地区天然气产量的占比由 8.7% 上升到 17.93%。自 2010 年以来，中东地区天然气产量的占比超过亚太地区。此外，中南美洲及非洲天然气产量的占比一直稳定在 5% 左右的水平。从趋势上看，预计欧洲及欧亚大陆、北美洲的天然气产量下降趋缓，将稳定在 30% 左右的水平。而亚太和中东地区的天然气产量将分别达到并稳定在 15% 以上的水平。

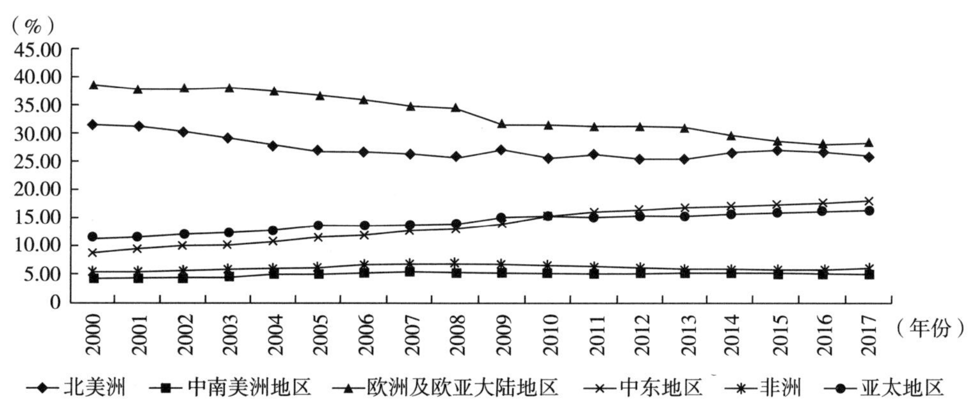

图 2－7　2000～2017 年全球天然气产量地区结构变化

资料来源：根据 BP 公司数据计算而得。

2017 年，欧洲及欧亚大陆的产量仍为全球最高，北美洲的产量排在其次。中东地区和亚太地区分别列第三、第四位，这两个区域逐步成为重要的天然气生产地区，如图 2－8 所示。

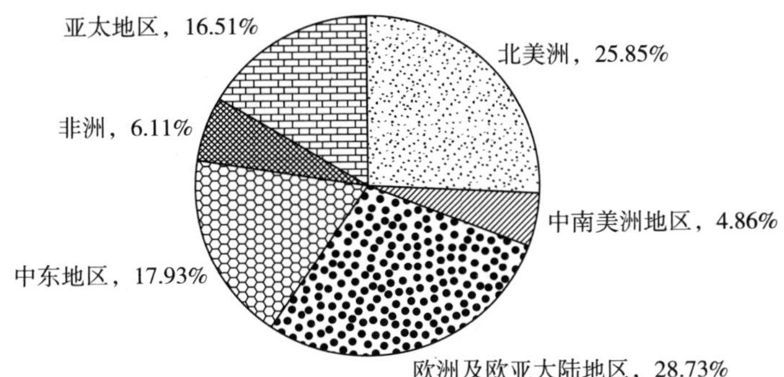

图 2-8　2017 年世界天然气产量区域结构

资料来源：根据 BP 公司数据计算而得。

从经合组织国家的产量看，非经合组织国家的天然气产量占全球的比例一直在 50% 以上，并呈现上升态势，近年来稳定在 65% 左右。经合组织国家产量占全球天然气产量的比例一直在 50% 以下，且呈现逐年下降趋势，由 2000 年的 44.39% 下降到 2017 年的 35.69%。非经合组织国家产量的占比相应地从 55.61% 上升到 64.31%。如图 2-9 所示。

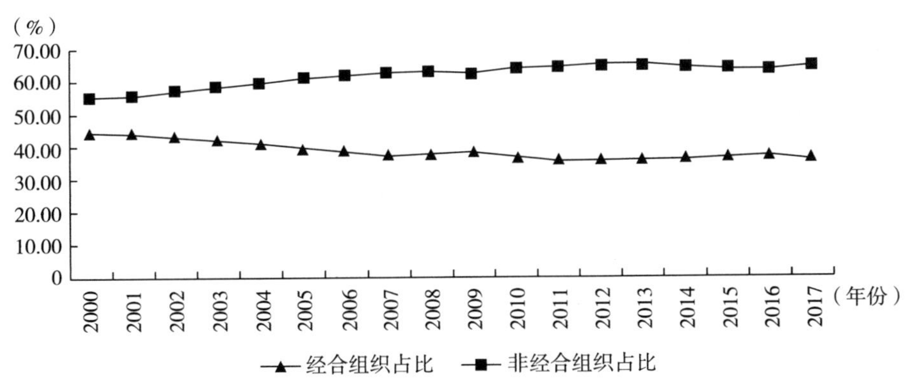

图 2-9　经合组织天然气产量占比变化

资料来源：根据 BP 公司数据计算而得。

2. 全球 LNG 液化能力持续提升

随着全球天然气消费量的不断提升，LNG 作为较为灵活且具有国际市场交易便利性的产品，更为各国所重视。相应地，天然气产地不断加大 LNG 的液化能力，以确保 LNG 的供应。根据《2017 年国内外油气行业发展报告》，2017 年，全球 LNG 液化能力上升至 3.53 亿吨/年，同比增长 13.8%。新增 LNG 液化能力主要集中在亚太、北美地区。美国、澳大利亚、马来西亚和俄罗斯 4 个国家新投产 6 个项目，共 8 条生产线，合计生产能力为 3415 万吨，是 2016 年增量的 1.26 倍。新投产项目中，亚马尔 LNG 是全球在北极地区开展的最大 LNG 项目，此次投产的第一条生产线的设计产能为 550 万吨/年，另外两条生产线计划于 2018 年和 2019 年建成，总能力为 1650 万吨/年。按照合作计划，亚马尔项目中有较大比例将直接供应我国，将为满足我国天然气消费需求起到重要作用。

3. 全球天然气勘探开发投资增加

从勘探开发来看，全球天然气储量相对平稳，传统国家探明储量稳定。2017 年，世界天然气储量略有增长，增量主要来自西非的塞内加尔，拉美的圭亚那、哥伦比亚和墨西哥等国。世界天然气产量估计为 3.7 万亿立方米，天然气产量同比增长 2.7%，增长主要来自亚太和俄罗斯中亚地区。全球油气勘探开发总投资达 3820 亿美元，较 2016 年增长 8%。其中，北美地区同比增加 38%，俄罗斯中亚和非洲地区则略有下降。预计全球油气勘探开发投资上升的趋势将延续到 2020 年。2017 年，随着全球油气勘探开发投资的增加，工程技术服务市场规模扩大到 2335 亿美元，同比增长 5%。

4. 油气上游并购市场明显回暖

2017 年，全球油气资源并购市场延续“回暖”态势，共完成交易总金额超过 1430 亿美元，较 2016 年上涨约 12%，创下 2014 年以来的最高值；并购活动总数量 384 宗，与 2016 年基本持平。各国企业均把上游并购作为保障发展、提升效益的重要手段，全球油气资源并购市场将保持活跃。

2017 年的全球油气并购市场呈现以下特点：首先，私募基金等非传统上游油气工业背景的交易主体表现突出。从交易金额上看，此类公司购入油气资产约 850 亿美元，售出资产约 700 亿美元，在市场买卖两端都极为活跃。其次，国际石油巨头并购交易“买卖两端”保持均衡。2017 年全年，埃克森美孚、道达尔、

挪威国家石油公司和壳牌等国际石油巨头合计完成购入资产金额约240亿美元，同期售出资产金额超过230亿美元，在上游资源市场中保持基本均衡。再次，大中型国际石油公司完成交易金额大幅增长。2017年，大中型国际石油公司合计购入资产总额为320亿美元，售出资产总额约470亿美元，较2016年分别增长60%和48%。部分大中型国际石油公司大规模出售美国部分油气资产。国家石油公司再次成为全球油气资源并购市场上的“净卖家”。国家石油公司2017年共售出油气资产金额约130亿美元，购入油气资产金额仅17亿美元，继2016年后再度成为全球油气资源并购市场上的“净卖家”。

2017年国际大石油公司进一步强化核心优势，上游更加集中在深水、天然气和非常规领域，中下游业务更加集中在“两区”，即需求高增长区和原料优势区。近10年来，国际大石油公司收购天然气资产达2000亿美元，占收购总额的80%。2010年以来，天然气产量增长持续高于原油，国际大石油公司正从“油气”公司向“气油”公司转变。

（三）全球天然气贸易及市场情况

近年来，全球天然气贸易持续活跃，贸易量保持稳步增长态势。从结构上看，管道天然气贸易虽然仍是主要贸易方式，但其在全球贸易中的占比出现下降，LNG贸易逐渐成为各国更为重视的贸易方式。

1. 全球天然气贸易量稳步增长

根据《BP世界能源统计年鉴2018》的数据，2017年，全球天然气进出口贸易量约为1.13万亿立方米，比上年增长5.5%。其中，管道天然气的贸易量为7407亿立方米，占总贸易量的65.31%。管道天然气的贸易量较2016年的7375亿立方米仅增加32亿立方米，增长率仅为0.4%。LNG贸易量达到3934亿立方米，占总量的34.69%。LNG贸易量较2016年的3466亿立方米，增加了468亿立方米，增长率达到13.5%，明显高于管道天然气增速。线路增多是2017年全球天然气贸易的一大特点。

全球管道气贸易量持续上升。一方面，俄罗斯的天然气产量大幅增长，俄罗斯对欧洲的管道气出口持续攀升，2017 年俄罗斯向欧洲供气 1893 亿立方米，较 2016 年的 1661 亿立方米增长 13.99%。另一方面，美国从加拿大进口的管道气量小幅下降，2017 年美国进口加拿大的管道气 807 亿立方米，较 2016 年的 824 亿立方米下降了 17 亿立方米。

全球 LNG 贸易量延续增长态势。LNG 的进口增量主要来自亚太地区和欧洲。亚太地区的 LNG 进口需求大幅回升。2017 年，亚太地区的 LNG 进口总量为 2835 亿立方米，同比增长 17.34%。中国进口的 LNG 达 526 亿立方米，超过韩国的 513 亿立方米，成为仅次于日本（1139 亿立方米）的第二大 LNG 进口国。

欧洲的 LNG 进口恢复增长。2017 年，欧洲 LNG 的进口量为 657 亿立方米，较上年的 564 亿立方米增长了 16.49%。增量主要来自法国、意大利、葡萄牙、西班牙和土耳其。欧洲本土的天然气产量大幅下降是促进 LNG 进口快速增加的主要因素。美国的天然气出口能力大幅提升。2017 年，美国出口的 LNG 总量达到 174 亿立方米，较上年的 44 亿立方米大幅增加了 295%。美国出口管道天然气 661 亿立方米，较上年的 603 亿立方米增长了 9.62%。

澳大利亚的天然气出口量快速增长，仍为 LNG 最大出口国。2017 年，澳大利亚的 LNG 出口量为 759 亿立方米，较上年的 568 亿立方米增长了 33.63%。

2. LNG 贸易灵活性持续增强

整体来看，LNG 合同价格与油价挂钩斜率逐步降低。随着澳大利亚和美国项目的投产，各国 LNG 的进口来源趋向多元化，亚洲国家已在合同中逐步引入现货价、交易中心价等混合定价方式，议价能力逐步增强。目前，新签 LNG 进口合同与油价斜率跌至 11% ~12%，预计未来几年亚洲 LNG 价格将进一步与油价脱钩，天然气定价的独立性将增强。

与此同时，在 LNG 供应能力提升的推动下，供需双方力量对比出现变化，买方市场的特质逐步显现。LNG 贸易合同限制性条款减少，合同的灵活性增强。LNG 合同呈现目的地条款逐步被淘汰、中短期合同占比增加、合同量缩小等趋势。2017 年新签的合同中 35% 没有目的地条款限制，部分亚洲买家（如日本 JERA 公司）已明确表示不再签订带有目的地限制的合同，并且要在 2030 年前后

将现有长贸合同量缩减一半以上。2017 年 1 ~ 9 月，新签的 LNG 合同量为 3188 万吨/年，其中非长期合同（期限小于 15 年）占比为 62%，2 ~ 5 年期合同增长为显著，占比达 20% 以上。①

3. 全球天然气价格回升

近年来，随着国际油价回暖，全球气价企稳回升。英国国家平衡点（NBP）和东北亚 LNG 进口均价随油价走势呈现不同程度的上涨；受美国 LNG 出口增加、供需差收窄的影响，亨利中心（HH）的价格同比上涨；东北亚的 LNG 现货价格同比回升。

北美天然气价格回升。如图 2 – 10 所示，自 2015 年以来，北美布伦特（WTI）原油现货价振荡回升，同时，HH 天然气现货价也同步回升。从趋势上看，北美天然气价格上涨力度明显弱于原油价格，出现分化态势。2017 年 HH 年均价格较 2016 年均价上涨 18.2%。2017 年，美国取暖需求环比大幅增长，第一季度均价为 2.98 美元/百万英热单位，同比上涨了 51.8%；第二、第三季度均价为 3 美元/百万英热单位，同比上涨了 20.5%；第四季度均价为 3.5 美元/百万英热单位，同比下跌了 4.3%。2018 年 10 月 15 日，HH 价格达到了 3.26 美元/百万英热单位，较 2017 年的均价 2.96 美元上涨了 10.14%。

欧洲天然气价格触底回升。从长期趋势看，进入 21 世纪以来，英国布伦特原油现货价与 NBP 指数的走势大致相同（见图 2 – 11）。在 2008 年达到高点后，2009 年出现较低价格。此后经过 4 年上涨，又于 2013 年开始回落，直到 2016 年触底，2017 年原油与天然气价格双双上涨。2017 年，欧洲 NBP 年均价为 5.8 美元/百万英热单位，比上年上涨了 24.7%。受极寒天气、煤价高企和供应能力不稳定等影响，年初价格突破 7 美元/百万英热单位；由于风力发电增多，发电用气需求减少，加之管道检修，年中价格跌至低点 3.18 美元/百万英热单位；随后，油价上涨和对冬季库存能力不足的担忧支撑了气价上行，加上寒潮来临、输气管道爆炸以及北海油气田输气管道检修，促使年底价格回升至 8.99 美元/百万英热单位。

① 刘朝全，姜学峰主编．2017 年国内外油气行业发展报告［M］．北京：石油工业出版社，2018.

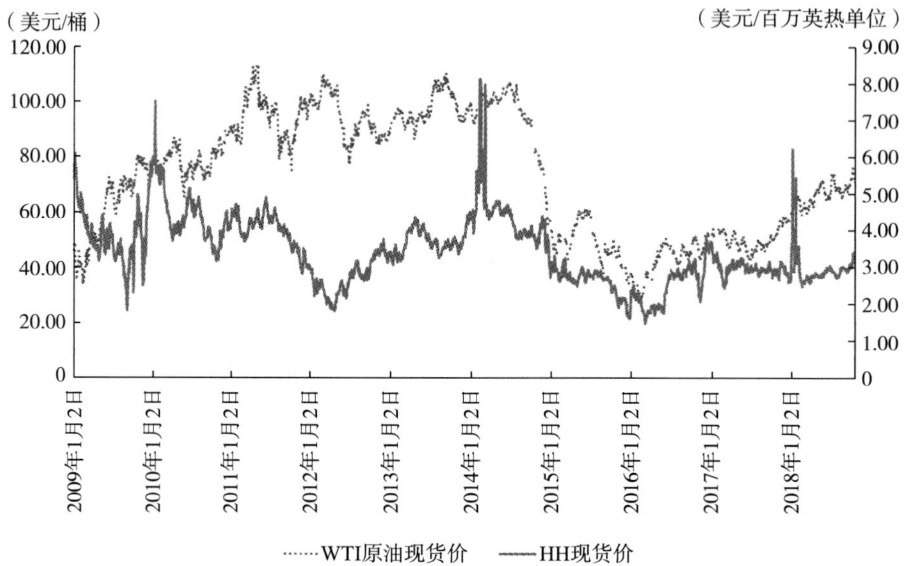

图 2-10　2009~2018 年美国 HH 天然气价格和 WTI 原油价格

资料来源：EIA，WIND 数据库。

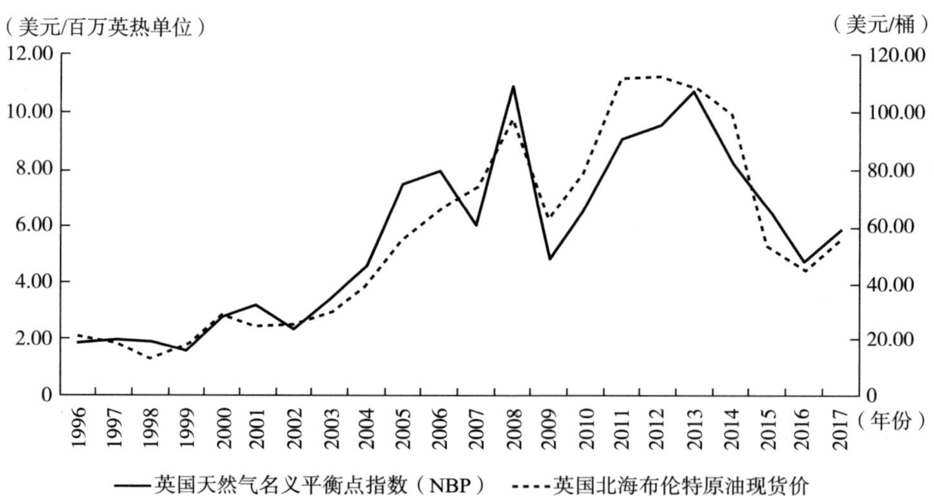

图 2-11　1996~2017 年英国 NBP 天然气价格和布伦特原油价格

资料来源：BP 公司，WIND 数据库。

全球 LNG 的现货价格回升，全年呈 U 形走势。2017 年，中国、日本、韩国的 LNG 现货需求增加，全球 LNG 现货的平均价格回升。从全年走势看，受冬季

供暖采购高峰、项目检修以及供应回弹等影响，LNG 现货价格呈 U 形走势。2017 年，东北亚 LNG 现货均价为 6.89 美元/百万英热单位，比上年上涨了 22.7%，其中，日本、韩国、中国和印度的 LNG 现货的平均价格涨幅均在 21% ~ 23%。亚洲 LNG 现货价格与欧洲 NBP 价格走势趋同，价差从 2015 年的 1.21 美元/百万英热单位上升到 1.62 美元/百万英热单位。

如图 2 - 12 所示，2017 年 10 月以来，中东、远东和澳大利亚的 LNG 离岸价格大幅上涨，并保持在高位运行。2018 年初出现回落，后续又继续上涨。

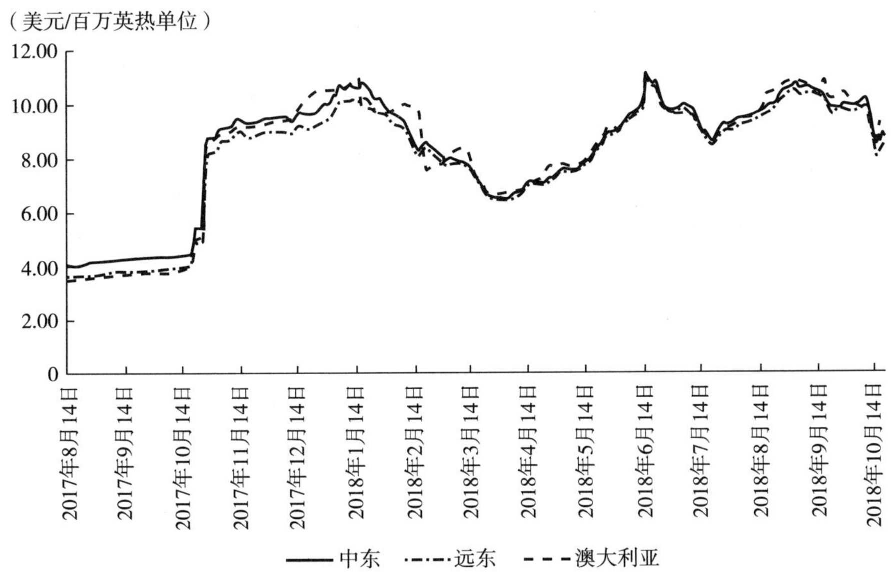

图 2 - 12 2017 ~ 2018 年中东、远东、澳大利亚 LNG 离岸价格

资料来源：金联创，WIND 数据库。

如图 2 - 13 所示，2017 年冬季，中、日、韩 LNG 到岸价出现明显上升，由 5.4 美元/百万英热单位上升到 9 美元/百万英热单位以上。高价一直持续到 2018 年初。2018 年 3 月价格回落到 7 美元的水平，但后来又继续上涨，并在 6 月出现小高峰，达到 11.2 美元的高位。临近 2018 年冬季供暖期，中、日、韩三国 LNG 到岸价持续在高位运行，稳定在 10 ~ 11 美元/百万英热单位的水平，充分显现季节性需求对 LNG 市场的影响。2018 年，中、日、韩三国 LNG 到岸价整体都高于 2017 年前三季度的水平。

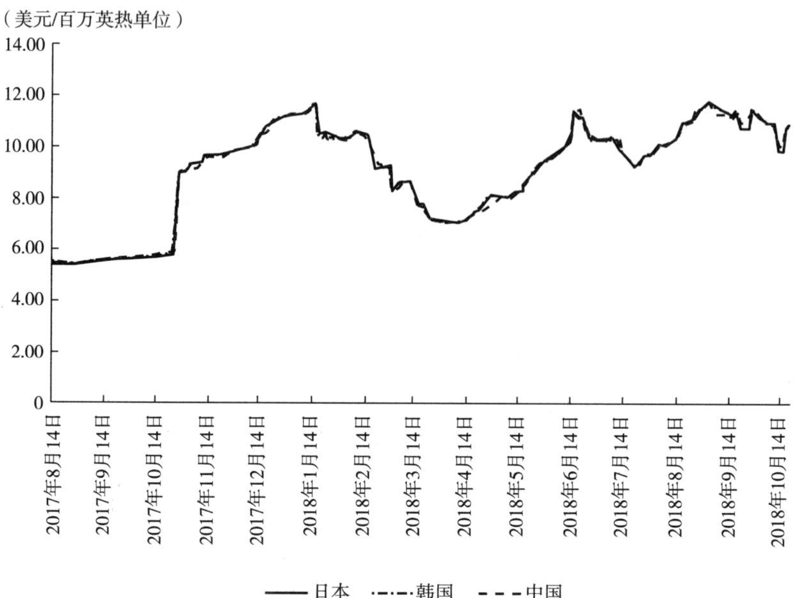

图 2－13　2017～2018 年中、日、韩 LNG 到岸价格

资料来源：金联创，WIND 数据库。

二、我国天然气供需基本情况

（一）天然气消费情况

从能源消费的总体情况看，我国能源消费量持续上涨，但增速明显放缓，特别是 2012 年以来，增速下降到 4% 以下。与此同时，能源消费中的天然气占比呈现明显上升态势，充分体现了我国能源结构调整、绿色转型的大趋势，也体现了能源需求逐渐进入平缓期。

1. 能源消费总量平稳增加

根据《BP 世界能源统计年鉴 2018》，2017 年，我国能源消费总量为 44.9 亿吨标准煤，增速为 3.02%（见图 2－14）。

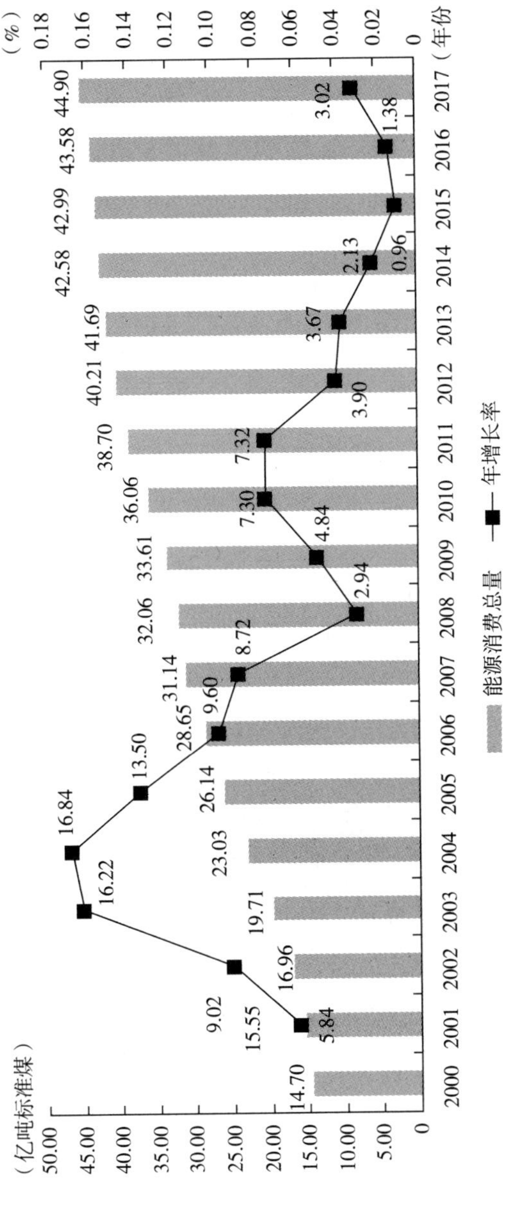

图 2－14　2000～2017 年我国能源消费量及增长情况

资料来源：根据 BP 公司数据计算而得。

从历史数据看，我国能源消费需求自 2006 年以后就告别了两位数增长时期，增速一路下滑，其中，2012 年能源需求增速降低到 3.9%，此后数年一直保持在 4% 以下。2015 年增速最低为 0.96%，2016 年到 2017 年的增速有所回升，但仍较低。与同期 GDP 增速相比，我国能源需求增速相对较低，体现出我国经济增长的质量不断提升，单位 GDP 能耗持续下降。

如图 2－15 所示，我国能源消费结构中，天然气占比持续上升，且 2005 年以来，天然气占比上升显著加快，由 2005 年的 2.4% 增加到 2017 年的 7%。

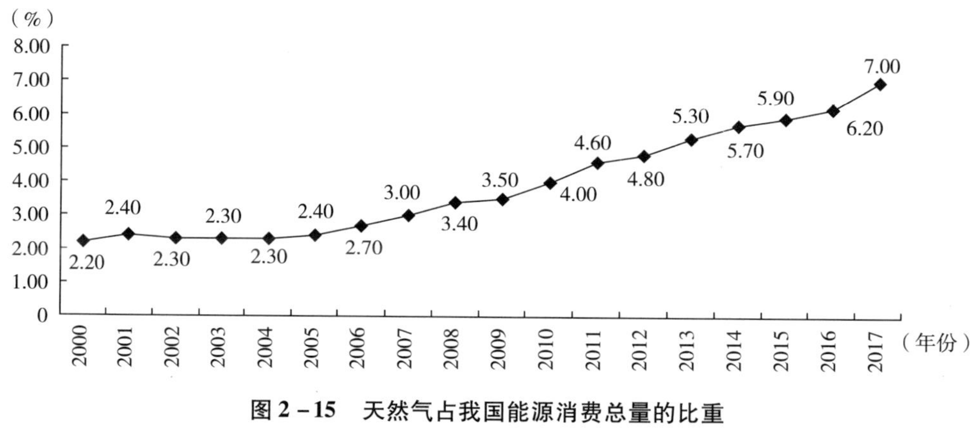

图 2－15 天然气占我国能源消费总量的比重

资料来源：根据 BP 公司数据计算而得。

2. 天然气消费快速增长

由于城市燃气、工业领域进一步实施煤改气工程，同时受工业主要用气行业下游产品价格上涨、替代能源价格上涨、新燃气电厂投运等拉动，全国天然气消费量快速增长。2018 年前三季度，我国天然气产量为 1156 亿立方米，同比增长了 6.3%；天然气进口量为 886 亿立方米，同比增长了 37.6%；天然气表观消费量为 2017 亿立方米，同比增长了 18.2%。①

如图 2－16 所示，2000 年以来，我国天然气消费量增速大都在 10% 以上，特别是 2006 年、2007 年、2010 年和 2011 年，天然气消费增速达到 20% 以上。自 2015 年增速探底后，近两年天然气消费增速稳步回升。2017 年，我国天然气

① 2018 年前三季度天然气运行简况［EB/OL］. 国家发改委网站，2018－11－01.

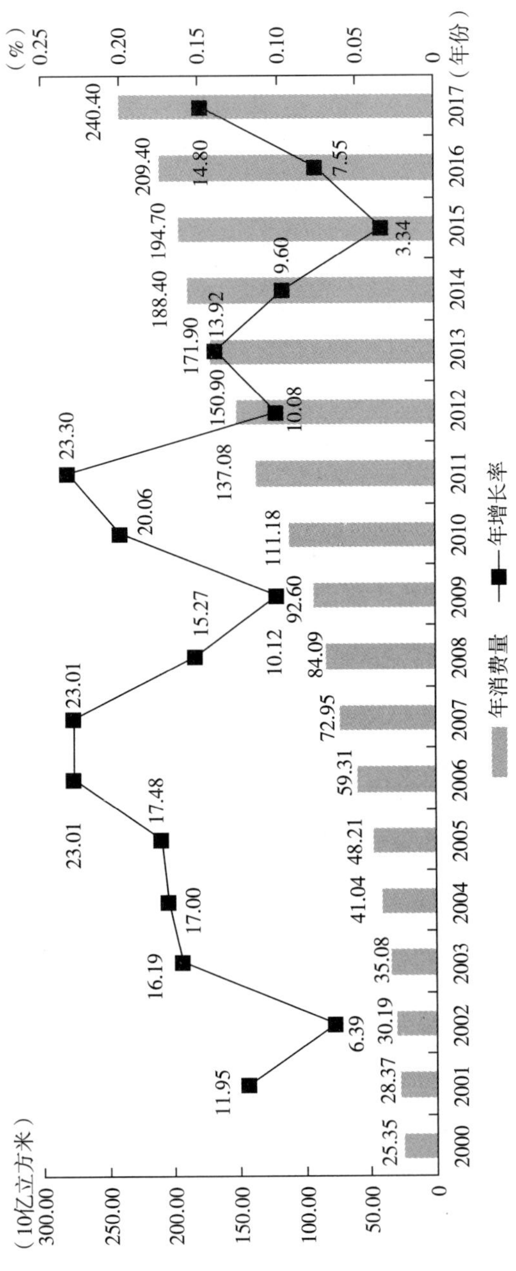

图 2－16　2000～2017 年我国天然气消费量及增长情况

资料来源：根据 BP 公司数据计算而得。

消费达到2404亿立方米，增速达到14.8%。这与煤改气增加气量消费有关。同时，由于民生保供需要，冬季供暖期，部分天然气消费企业被限制生产，工业用天然气消费量有所抑制。若加上此部分消费，我国天然气消费量将有更为明显的增加。

从我国人均生活天然气消费量看（见图2－17），由2000年的2.56立方米/人上升到2016年的27.5立方米/人，充分体现了我国天然气在全方位、多领域得到快速发展的事实，居民用天然气规模逐年增加，供暖用天然气占比也稳步提升，既增加了季节性需求，也扩大了天然气总体消费规模。同时，天然气消费量占能源消费总量的比重稳步提升，由2000年的2.2%，提升到2017年的7%。按照天然气消费占比达到10%的目标，到2020年，我国天然气消费量仍将快速增加，人均天然气消费量也将进一步提升。

3. 各行业用气大幅增加

2017年，我国天然气消费增量超过了340亿立方米，再创我国天然气消费增量的新高。各行业用气量均大幅增长。根据中石油技术研究院的数据，2017年，估计城市燃气用气量为885亿立方米，同比增长了14.2%；工业用气为727亿立方米，同比增长了20.2%，较上年上升了18.4个百分点；发电用气为467亿立方米，同比增长了22.9%，较上年上升了12.2个百分点；化工用气为273亿立方米，同比增长了9.2%。工业、发电、城市燃气和化工用气占比分别为30.9%、19.9%、37.6%和11.6%。①

（1）城市燃气保持快速增长。2017年，随着城镇化的推进和基础设施的不断完善，我国用气人口数量进一步增长，估计全国城市用气人口由上年的3.1亿增至3.5亿。京津冀及周边地区积极建设“禁煤区”，推进清洁取暖煤改气和燃气村村通工程，居民生活和采暖用气快速增长。

（2）工业燃料用气大幅增长。2017年，国家和地方政府加大环保政策执行力度，多地工业企业实施煤改气工程；宏观经济向好带动钢铁、玻璃等产品价格的上涨，以及替代燃料价格保持高位带动工业用气快速增长；11月，工业和信息

① 刘朝全，姜学峰.2017年国内外油气行业发展报告［M］.北京：石油工业出版社，2018.

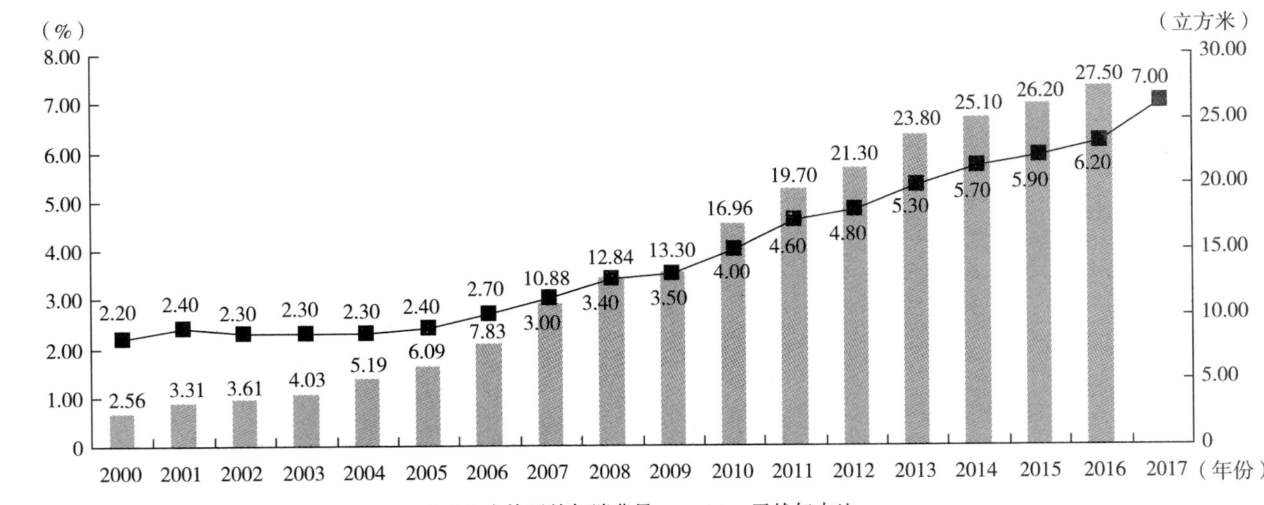

图 2-17　2000~2017 年天然气消费量占比及人均生活用气情况

资料来源：根据 BP 公司数据计算而得。

化部、环境保护部发布了《“2+26”城市部分工业行业2017~2018年秋冬季开展错峰生产的通知》，以天然气为燃料的企业不受限制，进一步带动了工业用气的快速增长。

（3）发电用气高速增长。主要受新燃气发电项目投运、全社会用电量增速回升以及环保因素的推动。未来，预计燃气电厂用气量受政策推动将继续保持较快增长态势。

（4）天然气分布式能源将快速发展。国家发布《加快推进天然气利用的意见》，提出大力发展天然气分布式能源，多地政府或企业制定天然气分布式能源发展规划。四川政府出台管理指导意见，上海、青岛、长沙等地政府持续实施优惠措施。浙江衢州、山东济宁等天然气分布式能源站项目相继投运。

4. 环渤海和长三角地区消费量大增

2017年，受经济回暖、环保政策等因素影响，多个省份的天然气消费呈现快速增长。分区域来看，环渤海地区天然气消费量为449亿立方米，较2016年同期增长了21.2%，主要来自居民、采暖和工业煤改气；长三角地区消费量为411亿立方米，增速为19.2%，增量主要来自发电用气和工业煤改气；东北地区消费量为146亿立方米，同比增长了20.3%，主要受煤改气政策拉动；东南沿海、西南和中南地区的增速分别为17.6%、17.4%和15.7%；西北和中西部地区的天然气消费增长缓慢，增速分别为10.0%和11.4%。相比上年，环渤海、长三角和西南地区的天然气消费占比均有所上升。

（二）天然气供应情况

根据《2017年国内外油气行业发展报告》，估计2017年天然气供应量为2402亿立方米，同比增长了15.0%。其中，天然气进口量大幅增长24.4%，对外依存度升至39.4%，天然气进口均价有所回升。

1. 国内天然气产量快速增长

如图2-18所示，我国天然气产量逐年增加，由2000年的281.4亿立方米增长到2017年的1491.9亿立方米。从增长率情况看，2008年以来，我国天然气

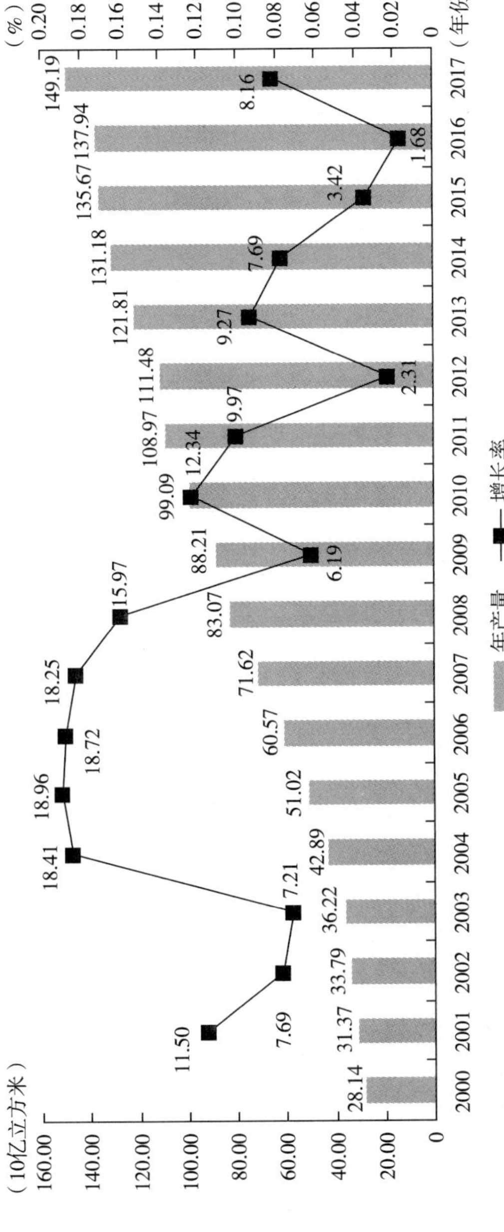

图 2－18　2000～2017 年我国天然气产量及增长情况

资料来源：根据 BP 公司数据计算而得。

产量的增速一直在 10% 的水平，2016 年增速最低，为 1.68%。2017 年天然气产量的增速达到 8.16%。

2. 进口量高速增长，LNG 进口量超过管道气

如图 2－19 所示，从进口天然气规模来看，2010 年以来，我国进口天然气的总量持续增加，从 2010 年的 163.6 亿立方米增加到 2017 年的 920.4 亿立方米。从进口量增长率看，2011 年以来的增长率一路下滑，2015 年的增长率最低，为 2.27%，其后在 2016 年增长率回复到 20% 以上，2017 年进口天然气的增长率达到 27.22%。2018 年上半年，我国天然气进口总量为 4208 万吨，同比增长了 64.6%，较之 2017 年的增速 26.9% 增长了 1 倍多。

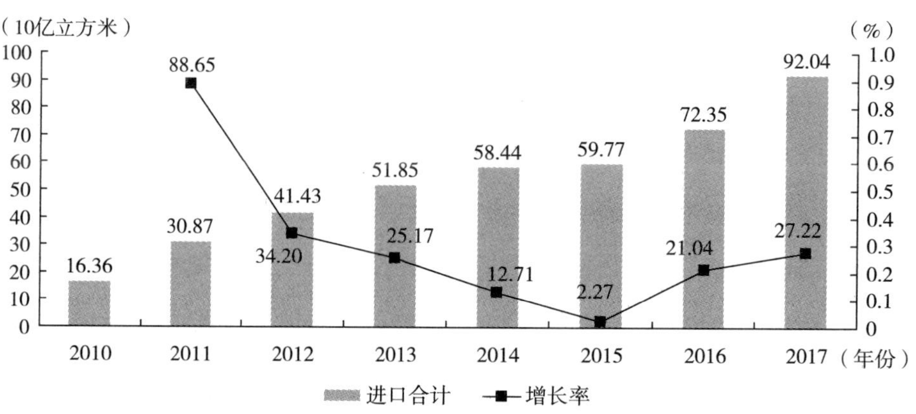

图 2－19　2010～2017 年我国天然气进口量

资料来源：根据 BP 公司数据计算而得。

从进口天然气的结构来看，2012 年前，我国 LNG 进口在总进口量中占比较大，到 2012 年管道天然气的进口量超过 LNG，此后延续到 2016 年。2017 年，LNG 进口量重新超过管道天然气。我国进口的 LNG 从 2009 年的 553.18 万吨，增加到 2017 年的 3813.41 万吨。澳大利亚一直是我国重要的 LNG 进口国，在 2010 年以后，澳大利亚进口气的占比出现下滑，直至 2016 年再度成为我国最大的 LNG 进口国。土库曼斯坦是我国最大的管道气进口国。2017 年，我国管道天然气有 80.55% 从土库曼斯坦进口，进口量达到 2451.15 万吨，其次是乌兹别克

斯坦和缅甸，两国进口量分别为 259.32 万吨和 251.69 万吨，占比分别为 8.52% 和 8.27%。此外，从哈萨克斯坦进口管道天然气 81.01 万吨，占 2.66%。2017 年 10 月 15 日起，哈萨克斯坦开始向中石油供气，年供气 50 亿立方米，未来从哈萨克斯坦进口管道气量将显著增长。

3. 天然气进口均价上涨

随着国际油价回升，我国的进口天然气均价上涨。根据金联创和 WIND 数据库的数据，2017 年 8 月，我国 LNG 到岸价格稳定在 5.4 美元/百万英热单位左右，但到了 10 月，LNG 到岸价格大幅上涨到 9 美元以上。到 2018 年 1 月 15 日达到高峰值 11.65 美元/百万英热单位。2018 年 4 月初，我国 LNG 到岸价格回落至 7 美元左右，后又持续上升，2018 年 6 月 18 日又达到 11.5 美元，9 月又再次达到 11.7 美元。近期一直保持在 10 美元以上的水平运行，较 2017 年 8 月，价格上涨了近一倍。如图 2－20 所示。

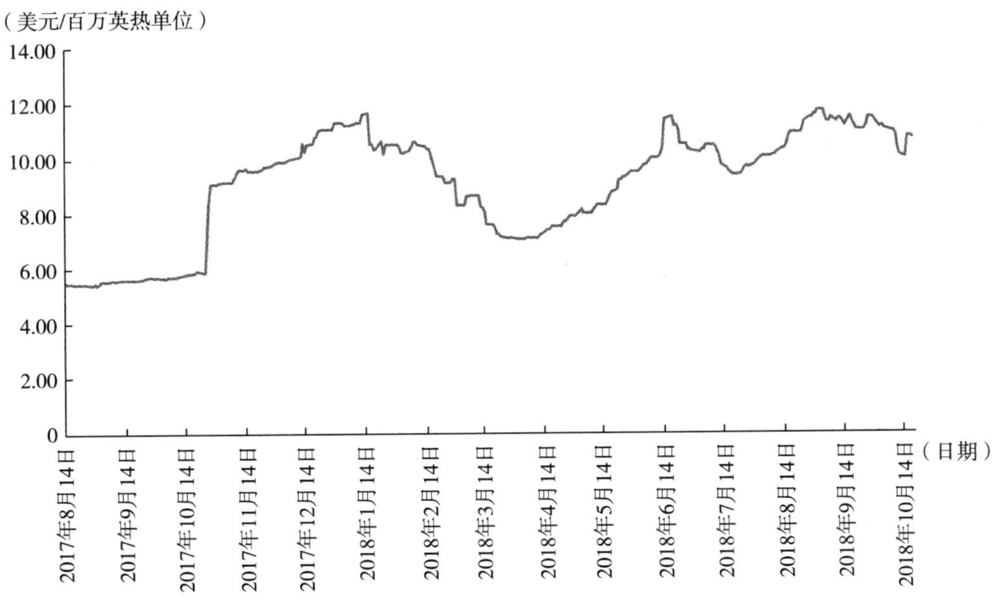

图 2－20 2017～2018 年我国 LNG 到岸价格

资料来源：根据 BP 公司数据计算而得。

三、2030 年我国天然气供需预测

（一）天然气消费需求预测

1. 天然气消费总量快速提升

随着我国进入高质量发展阶段，单位 GDP 能耗将不断下降，能源消费需求增速也将保持较低水平，人均能源消费量不断降低。同时，在结构上将更趋于绿色化，清洁能源、天然气等消费将稳步提升。

根据中国社科院发布的《中国能源前景 2018—2050》，我国能源需求将逐渐减少，到 2020 年能源的需求总量下降到 44.7 亿吨标准煤；到 2030 年，能源需求总量进一步下降到 41.8 亿吨标准煤，2050 年下降到 38.7 亿吨标准煤，并基本稳定在这一水平。未来 30 年，我国天然气消费将呈现持续快速增长。预计到 2020 年天然气消费量将达到 3693.3 亿立方米；到 2030 年，达到 5192 亿立方米；到 2050 年达到 8047 亿立方米。从我国能源消费结构看，2020 年天然气份额预计为 10%，到 2030 年将提高到 15.1%，最终在 2050 年提高 22.3%。

根据中国石油经济技术研究院《2050 年世界与中国能源展望（2018 版）》预测，我国一次能源需求将于 2035 年后达到 56 亿吨标煤的峰值水平。2035 年以前，因能源消费基数大，中国仍将是拉动全球能源消费增长的主要动力，在全球一次能源消费中的比重将稳定在 23% 左右。2035 年后，中国能源需求逐步回落，推动全球一次能源需求增量整体回落。天然气占比将稳步上升，2035 年和 2050 年将分别达到 15% 和 17%。2035 年和 2050 年天然气需求将分别达到 6200 亿立方米和 6950 亿立方米。2035 年前，工业、居民以及发电部门的天然气消费均将快速增长，合力推动天然气消费快速增长，2015～2035 年年均增速达 5.8%。2035 年后，特别在 2040 年后，因工业、居民等部门用气量基本达到饱和，天然气消费增速明显放缓，2035～2050 年年均增速仅为 0.7%。2016 年中国人均天然气消费仅为 151 立方米/人，远低于欧美发达国家水平，也低于 476 立方米/人的世界平均水平。未来中国人均天然气消费将不断增长，2050 年达 507 立方米/人，与届时的世界平均水平 560 立方米/人相近。

根据国际能源署（IEA）发布的《天然气市场报告 2018》显示，2017～2023 年，中国天然气消费增量将占全球增量的 37%，成为增量最大国家。“十三五”期间，中国天然气消费年均增速达到 8%，占全球天然气增量的 1/3。2019 年中国天然气消费需求将达到 2770 亿立方米，2021 年和 2023 年分别达到 3310 亿立方米和 3760 亿立方米。“十三五”时期，中国天然气消费量预计增加 1390 亿立方米，远高于“十一五”时期的 850 亿立方米和“十二五”时期的 1020 亿立方米。

2. 主要消费领域需求进一步提升

城市燃气需求快速增长。城镇居民和商业用气稳定增长，乡村居民用气受村村通工程带动保持增长。国家发改委、国家能源局、财政部、环境保护部等 10 部门联合印发《北方地区冬季清洁取暖规划（2017—2021 年）》，提出“2＋26”重点城市要率先实现清洁取暖，未来将持续推进采暖煤改气，发展分户式供暖，采暖用气将继续增长，淡旺季峰谷差进一步扩大。根据天然气发展目标测算，到 2020 年我国用气人口将达到 4.7 亿，居民生活用气将成天然气增量的主要贡献者。

工业用气需求保持较快增长。环保压力将推动工业领域煤改气工程持续推进，工业用气需求增长较快，但受宏观经济增速下行影响，钢铁、玻璃、陶瓷等行业用气需求增速也将出现回落。根据 IEA 报告，化工原料、化工产品和建筑材料是当前工业用气的主要领域，工业用气需求将受天然气基础设施、价格竞争性和稳定供应等因素影响。

化工用气需求小幅增长。2017 年，天然气制化肥和甲醇企业开工率达到历史较高水平，预期未来的增长空间有限；化肥和甲醇价格受下游需求影响也将出现回落。受此影响，化肥和化工用气需求增速将大幅放缓。

在交通领域，随着 LNG 燃料货车和天然气出租车的使用，交通领域的用气规模逐年增加。2017 年，我国天然气加气站达到 7300 座，包括 4750 座压缩天然气加气站和2550座液化气加气站，使用天然气的车辆达到650万辆。根据规划，到2020年，我国天然气汽车将达到1000万辆。根据IEA预测，到2023年，若天然气车辆目标实现，中国交通领域的天然气需求每年将增加100亿~310亿立方米。

3. 天然气发电将成天然气增量主要贡献者

发电用气需求稳定增长。从天然气的应用领域来看，未来电力领域的增量将有较大幅度来自天然气发电。天然气发电将摆脱目前作为调峰电源的地位，成为主要发电形式之一。根据中国社科院的预测，预计到2020年天然气发电量将达到约3351.11亿千瓦时，2030年将达到约5822.02亿千瓦时，2050年将达到10515.2亿千瓦时。同时，天然气发电也将有一部分用于供热，在一定程度上弥补火电供热的下降。预计天然气供热产量到2020年将达到6796.93吉焦，2030年为11808.6吉焦，2050年达到21327.6吉焦。

根据国际能源署发布的《天然气市场报告2018》指出，过去十年来，得益于成熟市场能源供应充足，新兴市场减少石油使用、福岛核电站事故核电需求削减等多种因素，发电占天然气的消费增长了一半。随着其他能源竞争的加剧，工业将取代发电成为全球天然气需求增长的主要推动力。特别在亚洲市场，工业和化肥用气增长将尤为显著。工业用气预期将贡献天然气消费增长的40%，但到2023年，发电仍将是天然气消耗的主力。中国在“十三五”期间，天然气发电装机将达到110GW，按每千瓦时消耗0.18立方米、年发电利用小时数4000小时计算，到2023年，中国发电用天然气消费量将达到800亿立方米。

4. 天然气市场季节性供需矛盾凸显

近几年，我国天然气市场季节性供需矛盾越发凸显。特别是2017年采暖季，天然气市场需求快速增长，北方多地出现天然气供应短缺问题，市场供求矛盾极为突出。河北、山东、山西、陕西和河南等省份的天然气供应告急；河北省启动天然气迎峰度冬紧急预案，全省进入天然气供应二级预警状态；北京市紧急启动燃煤机组应急运行工作，以缓解华北地区天然气的紧张形势。供应紧张还波及华中、华南和西南等地。上游供气企业通过加大气田产量、采购LNG现货、压减

非居民用户等方式保障居民生活和采暖用气，但市场仍存在较大供需缺口。

究其原因，一是天然气消费增量创历史最高。全年天然气消费增速近 14.8%，回到两位数增长水平。二是采暖“煤改气”需求超出预期。以河北省为例，下达的“煤改气”计划为居民“煤改气”180 万户，锅炉“煤改气”4500 蒸吨。实际情况是居民“煤改气”预计完成 260 万户，锅炉改造 11700 蒸吨，远超计划量。因此，尽管国内供气企业加大资源供应，整个冬季采暖期北方资源供应缺口仍近 50 亿立方米。三是储气调峰能力与市场发展不匹配。截至 2017 年底，我国地下储气库占全国天然气消费量的 3.4%，远低于国外 10% ~15% 的水平；多数城市燃气企业没有储气调峰设施，完全依赖上游供气企业进行调峰，天然气保障系统非常脆弱。四是缺乏有效的调峰价格机制。在目前的定价机制下，我国天然气价格难以体现储气库和 LNG 储罐的调峰成本，对储气调峰设施的发展和天然气供应能力的提升形成制约。未来几年，若“2 +26”重点城市所在六省市天然气取暖全部按计划完成，采暖季供需缺口将长期存在。未来急需通过增加气源供应、加快储气调峰设施建设、完善调峰体制机制、实现管网互联互通等举措解决供求矛盾。

（二）天然气供应能力预测

根据《天然气发展“十三五”规划》，到 2020 年，我国天然气综合保供能力将达到 3600 亿立方米以上。“十三五”期间，新建天然气主干及配套管道 4 万千米，2020 年总里程达到 10.4 万千米，干线输气能力超过 4000 亿立方米/年；地下储气库累计形成工作气量 148 亿立方米。

1. 天然气产量预测

国内天然气产量将稳定增长。我国天然气勘探开发将加快推进，页岩气产量将保持较高增速。预计 2018 年国内天然气产量（含煤制气）为 1606 亿立方米，同比增长 8.8%，供应结构占比 59.7%。预计全年中国天然气市场供需形势总体相对平衡，受煤改气工程推进、储气调峰设施建设速度相对缓慢的影响，季节性供需矛盾仍将持续。国家能源局 2016 年 9 月印发的《页岩气发展规划（2016—2020 年）》提出，在政策支持到位和市场开拓顺利的情况下，2020 年力争实现页岩气产量300亿立方米，2030年实现页岩气产量800亿~1000亿立方米。

根据中国石油经济技术研究院公布的《2050年世界与中国能源展望（2018版）》预测，2035年和2050年我国天然气产量将分别达到3000亿和3500亿立方米，展望期内年均增长2.8%。页岩气、致密气、煤层气等非常规气增长潜力巨大，2035年后将与常规气产量规模相当。

根据IEA预测，中国自产气能力将以稳定速度增长，“十三五”期间，将增加35%。中国自产气年均增速将达到5.5%，将低于2017年7.3%的增速。到2023年，中国将成为世界第四大天然气生产国。

2. 天然气进口预测

我国天然气对外依存度将逐年上升，如果页岩气生产取得突破，天然气对外依存情况会明显改善。据中国社科院预测，到2020年，我国天然气进口将达到2291.19亿立方米，对外依存度达62.0%；到2025年，将进口3104.86亿立方米，对外依存度为67.8%；2030年进口3643.16亿立方米，对外依存度为70.2%；2035年分别为4123.78亿立方米、71.7%；2040年分别为4692.48亿立方米、73.3%，2045年分别为5432.86亿立方米、75.9%；2050年分别为6319亿立方米、78.5%。

根据IEA《天然气市场报告2018》预测，由于国内产量难以满足天然气需求的增长，2019年中国将成为世界最大的天然气进口国，引领亚洲新兴天然气市场的增长。2017~2023年，中国需求将以年均8%的速率增长，占全球需求增长的1/3以上，超过全球其他任何一个国家。到2023年，中国天然气进口量将达到1710亿立方米，占天然气供应总量的比例将从39%增长到45%，其中主要以液化天然气进口为主，预计将保持每年9%左右增速，进口量将从510亿立方米增加到900亿立方米，增长幅度达到80%。到2023年，中国将成为最大的LNG贸易额增长贡献者，以中国为代表的亚洲国家会占到90%的LNG全球进口增长量。

3. 天然气基础设施建设预测

我国天然气基础设施条件将进一步提升。目前，中俄东线天然气管道工程试验段二期正式开工建设，北段预计于2019年10月投产，2020年底全线贯通；鄂尔多斯—安平—沧州（简称“鄂安沧”）天然气管道，全长合计约 2293 千米，设计年输气能力 300 亿立方米，计划于 2019 年建成投运。按照国家发改委、国家能源局联合发布的《中长期油气管网规划》，2020 年、2025 年，我国天然气主干管道将分别达到 10.4 万千米和 16.3 万千米。

同时，储气库建设进一步加强。国家发改委、国家能源局发布的《关于全面开展天然气储气调峰设施建设运营情况自查和整改的通知》，要求各地和主要供气企业要大限度发挥现有天然气的储气调峰能力，加快项目建设，确保未来各年度迎峰度冬天然气供应稳定。按照国家《天然气发展“十三五”规划》和《加快推进天然气利用的意见》，2020 年中国地下储气库工作气量将达 148 亿立方米，占全国天然气消费量的 5%；2030 年地下储气库工作气量将超过 350 亿立方米。

（三）2018 ~ 2020 年天然气供需缺口预测

1. 需求预测

根据 BP 统计年鉴数据，2017 年天然气消费量为 2404 亿立方米，增速 14.8%。预计 2018 ~ 2020 年将保持 15% 左右增速，天然气消费量预计将分别达到 2764.6 亿、3179.3 亿、3656.2 亿立方米。其中，清洁取暖将继续带来规模可观的增量。根据《北方重点地区冬季清洁取暖“煤改气”气源保障总体方案》，2017 ~ 2021 年“2 + 26”城市累计新增天然气供暖面积 18 亿立方米，新增用气 230 亿立方米。其中，燃气热电联产新建/改造规模 1100 万千瓦，新增用气 75 亿立方米；燃气锅炉新建/改建 5 万蒸吨，新增用气 56 亿立方米；“煤改气”壁挂炉用户增加 1200 万用户，新增用气 90 亿立方米；天然气分布式能源增加 120 万千瓦，新增用气 9 亿立方米。

2. 供给预测

从自产气看，2017 年国内天然气产量为 1491.9 亿立方米，增速为 8.16%。2011 ~ 2017 年平均增速为 6.45%。2018 年上半年国内天然气产量同比增长 4.6%。若按 6% 的增速预估，2018 ~ 2020 年自产气可分别达到 1581.4 亿立方米、1676.3 亿立方米、1776.9 亿立方米。

从进口气看，2017 年进口天然气 920.4 亿立方米，增长率达到 27.22%。2018 年上半年，我国天然气进口总量为 4208 万吨，同比增长 64.6%（年初保供进口气量增加）。其中，管道气 2014 年以来的增速一直在 15% 以下，2017 年进口 394.1 亿立方米，增速仅为 3.59%。LNG 进口近两年大幅提升，现货进口比重较高，2017 年进口 526.3 亿立方米，增速为 53.43%，2011 ~2017 年平均增速为 23.47%。若按管道气进口增速 10%，LNG 进口增速 20% 估算，2018 ~2020 年管道气进口量将分别达到 433.5 亿立方米、476.9 亿立方米、524.5 亿立方米；LNG 进口量将分别达到 631.6 亿立方米、757.9 亿立方米、909.4 亿立方米。总进口量分别为 1065.1 亿立方米、1234.8 亿立方米、1433.9 亿立方米。

3. 供需缺口预测

综合预测，2018 ~2020 年，我国天然气供应能力将分别达到 2646.5 亿立方米、2911.1 亿立方米和 3210.8 亿立方米，天然气需求将分别达到 2764.6 亿立方米、3179.3 亿立方米、3656.2 亿立方米，供需缺口将分别达到 118.1 亿立方米、268.2 亿立方米和 445.4 亿立方米。同时，对外依存度将持续提升，于 2018 年达到 40.25%，2019 年和 2020 年分别达到 42.42% 和 44.66%（见表 2 -1）。

表 2 -1　2018 ~2020 年供需缺口预测　　单位：亿立方米，%

年份			2018	2019	2020
消费预测			2764.6	3179.3	3656.2
供给预测			2646.5	2911.1	3210.8
其中	自产气		1581.4	1676.3	1776.9
	进口气		1065.1	1234.8	1433.9
	其中	管道气	433.5	476.9	524.5
		LNG	631.6	757.9	909.4
供需缺口预测			118.1	268.2	445.4
对外依存度			40.25	42.42	44.66

总体来看，我国天然气供需形势仍然趋紧。自产气受开发成本、管道基础设施、储气设施等限制，难以在短时间内出现大幅提升。拓宽多元进口渠道将成为近期满足我国天然气需求的重要手段。然而，我国天然气消费量的不断增加，冬

季供暖需求旺盛，使我国 LNG 进口价格持续上涨，2018 年全年的价格均高于 2017 年 8 月的水平，且维持在高位运行，表明我国面临较大成本压力。未来，仍需加强天然气交易市场、交易中心建设，力争形成有影响力的中国价格，降低我国天然气使用成本。

（执笔人：王成仁）

参考文献：

[1] 景春梅．能源革命与能源供给侧改革［M］．北京：经济科学出版社，2016.

[2] 李平，刘强，王恰等．中国能源前景 2018～2050［Z］．中国社会科学院数量经济与技术经济研究所，2018.

[3] 国际能源署．天然气市场报告 2018［R］．2018－07.

[4] 刘朝全，姜学峰．2017 年国内外油气行业发展报告［M］．北京：石油工业出版社，2018.

[5] 中国石油经济技术研究．2050 年世界与中国能源展望（2018 版）［R］．2018－09.

[6] BP 世界能源统计年鉴 2018［R］．2018－07.

[7] BP 世界能源统计年鉴 2017［R］．2017－06.

[8] 徐文敏．国内液化天然气市场供需及 2018 年后期价格走势判断[J].中国物价，2018（9）：48－49.

[9] 郑坚钦，王博弘，张浩然，梁永图．天然气需求量预测研究进展[J].石油化工高等学校学报，2018，31（4）：1－6.

[10] 皮礼仕，吴恒威．全球天然气市场形势分析及短期价格预测[J].中外能源，2017，22（1）：17－22.

[11] 胡小夫，易梓仪，肖克勤．我国天然气市场消费量预测与发展趋势研究[J].天然气技术与经济，2016，10（2）：57－60，83.

专题报告二 加快天然气资源勘查开采体制改革

近年来，我国天然气消费快速增长，但国内的生产短板日益凸显。在天然气产业链中，勘查开采处于上游，目前仍存在较明显的体制机制制约，主要表现在市场化程度低、寡头垄断、民营及境外资本进入难、国家作为权益所有者的权益未能得到充分保护等方面。由此造成了我国天然气勘查开采远远无法满足国内发展的需要。未来亟须按照油气体制改革方案，加大市场化改革力度，打造生产积极、公平准入、多方共赢的勘查开采体制机制。

一、我国天然气资源勘查开采体制沿革

我国天然气资源勘查开采体制经历了从计划经济到市场经济的转型。但整体来看，转型并没有完成，计划色彩仍然较浓，集中表现为权属不清、垄断壁垒、产业效率不高，亟须推进改革。

（一）勘查开采体制转型历程

中华人民共和国成立以后，我国对天然气资源的勘查开采完全由政府计划实

施，其中，地质部门负责资源普查和矿藏勘查，石油部门既勘查油气矿藏又负责开采。党的十一届三中全会后，在天然气资源勘查开采领域，逐步开始实行政企分开，政府向管理转型，具体生产业务交由油气公司。1982 年国务院出台《中华人民共和国对外合作开采海洋石油资源条例》，该条例明确，石油工业部是我国海洋石油资源的政府主管部门，负责对外合作中的区块划分、开采规划、审批开发方案等，中国海洋石油总公司全面负责对外合作开采海洋石油资源的业务，享有在对外合作海区内进行石油勘查、开发、生产和销售的专营权。同年，中国海洋石油总公司成立。1983 年 2 月，中央决定成立中国石油化工总公司，将原来分属石油部、化工部、纺织部管理的 39 个石油化工企业划归中国石油化工总公司领导，总公司直属国务院。

随着政企分开的推进，我国对天然气资源的管理开始了由行政转向法制的探索。1986 年出台了《中华人民共和国矿产资源法》，该法律明确，矿产资源属于国家所有。勘查矿产资源，必须依法登记。开采矿产资源，必须依法申请取得采矿权。矿产资源勘查登记工作，由国务院地质矿产主管部门负责；不得买卖、出租、抵押采矿权。为配合矿产资源法的实施，在石油工业部内成立了油气管理办公室，负责矿业权的登记。

但是，随着经济体制改革的深入推进，天然气等矿产领域的管理体制已经越来越无法适应行业的发展。政府微观管得过多，宏观调控不力；机构臃肿、层次过多、职责不清、相互扯皮，工作效率不高；政府工作人员的素质和结构不适应经济的、法律的间接管理方式等。这就要求相应地转变政府机构的职能和管理方式，调整机构设置的总体格局及其职责权限。1988 年，中央认识到，机构不改革，经济体制改革就难以深化，已经取得的成果也难以巩固，必须下决心对政府机构自上而下地进行改革。此次改革，撤销了石油工业部，组建能源部，天然气矿业权登记转由能源部管理。拟组建中国石油天然气总公司，专门从事陆上油气资源的勘查开发，保留中国海洋石油总公司。

在天然气资源管理层面，则先后经历了国家计划委员会、国家矿产资源委员会、国土资源部，直至刚刚成立的自然资源部，实现了对天然气资源矿业权的统一管理。在企业层面，剥离了中国石油化工总公司①、中国石油天然气总公司②的天然气行政管理职能；对中国石油化工总公司、中国石油天然气总公司和中国海洋石油总公司实施企业现代化改造，基本实现了政企分开。由此形成了当前我国天然气勘查开发的基本格局。

（二）资源出让方式向招标拍卖挂牌过渡

我国天然气矿产资源属于国家所有，由国务院行使国家对矿产资源的所有权。国家依据《中华人民共和国矿产资源法》《矿产资源勘查区块登记办法》《矿产资源开采登记办法》和《探矿权采矿权转让管理办法》等有关法律的规定，对天然气的资源进行勘查开采管理。

天然气资源管理机构为“一委（国家能源委员会）+五部门（国家发展和改革委员会、自然资源部、商务部、国有资产监督管理委员、财政部）”格局。国家能源委员会③负责研究拟订国家能源发展战略，审议能源安全和能源发展中的重大问题，统筹协调国内能源开发和能源国际合作的重大事项。国家发展和改革委员会及国家能源局是天然气资源管理的综合部门，负责制定发展规划，提出发展战略和重大政策；自然资源部负责天然气矿业权管理，对勘查开发进行监督管理以及补偿费的征收等；国有资产监督管理委员会是中国石油等大型中央企业的管理部门，负责企业经营状况的考核等；财政部负责天然气行业有关项目的投资管理与资源税费政策的制定与征收；商务部负责对外合作勘查开发的审查。

在天然气资源出让方面，采取登记出让，部分试点地区采取招标拍卖挂牌。矿产资源法规定，实施登记出让制度。勘查、开采矿产资源，必须依法分别申请、经批准取得探矿权、采矿权，并办理登记；对矿产资源勘查实行统一的区块

① 1998年7月，在原中国石油化工总公司基础上重组成立中国石油化工集团公司，是我国特大型石油石化企业集团。

② 1998年7月，在原中国石油天然气总公司基础上组建中国石油天然气集团有限公司，是我国特大型石油石化企业集团，2017年12月完成公司制改制。

③ 根据第十一届全国人民代表大会第一次会议审议批准的国务院机构改革方案和《国务院关于议事协调机构设置的通知》（国发〔2008〕13号），2010年1月22日，国务院正式成立国家能源委员会，主任由总理担任。

登记管理制度。矿产资源勘查登记工作，由国务院地质矿产主管部门负责；特定矿种的矿产资源勘查登记工作，可以由国务院授权有关主管部门负责。矿产资源勘查区块登记管理办法由国务院制定。国家实行探矿权、采矿权有偿取得的制度；法律同样明确规定禁止转让。禁止将探矿权、采矿权倒卖牟利。对探矿权、采矿权的转让设置了严格的条件。探矿权人在完成规定的最低勘查投入后，经依法批准，可以将探矿权转让他人。已取得采矿权的矿山企业，因企业合并、分立，与他人合资、合作经营，或者因企业资产出售以及有其他变更企业资产产权的情形而需要变更采矿权主体的，经依法批准可以将采矿权转让他人采矿。买卖、出租或者以其他形式转让矿产资源的，没收违法所得，处以罚款。外商投资勘查、开采矿产资源，法律、行政法规另有规定的，从其规定。从事矿产资源勘查和开采的，必须符合规定的资质条件。开采天然气的，可以由国务院授权的有关主管部门审批，并颁发采矿许可证。

2017 年《矿业权出让制度改革方案》出台，矿业权出让制度从申请在先转为竞争性取得重大进展。方案要求全面推进矿业权的竞争性出让，严格限制协议出让行为，调整矿业权的审批权限，强化出让监管服务，确保“放得下、接得住、管得好”，建立符合市场经济要求和矿业规律的矿业权出让制度。要求坚持市场竞争取向，遵循矿业发展规律；更好地发挥政府作用，确保矿产资源国家安全；保障国家所有者权益，维护矿业权人合法权益等基本原则。

根据方案，除特殊情形外，矿业权一律以招标拍卖挂牌方式出让，由市场判断勘查开采风险，决定矿业权的出让收益。改革矿业权出让收益管理，出让收益可按年度分期缴纳。对探矿权，取得勘查许可证时首次缴纳金额不低于一定比例，其余部分在转为采矿权后按年度缴纳。创新矿业权经济调节机制，全面调整探矿权占用费收取标准，建立累进动态调整机制，有效遏制“圈而不探”现象；根据矿产品价格变动和经济发展需要，适时调整采矿权占用费和最低勘查投入标准。

在严格限制矿业权协议出让方面，缩小协议出让的范围，从原来的五种情形（可协议出让）压缩成两种，流程也更为严格。一般不得协议出让矿业权，特殊情形可通过试点不断完善。协议出让范围严格控制在国务院确定的特定勘查开采主体和批准的重点建设项目，大中型矿山已设采矿权深部。协议出让必须实行集体决策、价格评估、结果公示，建立协议出让基准价制度，完善国家财政出资探矿权管理。

矿业权出让制度改革已经在山西、福建、江西、湖北、贵州、新疆六个省（区）开展试点，按计划2019年将在全国推广实施。

二、天然气资源勘查开采面临的主要问题

我国天然气勘查开采在有力支撑国内天然气产业发展的同时，也存在一些较为严重的问题，对行业发展的制约效应日益突出。一方面，天然气和煤层气勘查新增探明地质储量呈现下降趋势。2017年，全国天然气勘查新增探明地质储量从2012年的9610亿立方米降至5554亿立方米，煤层气从1274亿立方米降至105亿立方米。2017年，我国天然气和页岩气可采储量分别增长了1.6%、62.0%，煤层气则下降了9.5%。过去5年，全国累计地质勘查投入为4800多亿元，但油气探矿权面积连续4年大幅下降①。另一方面，勘查开采力度大幅下降，主要是勘查开发投入不足，政府投资少、三大油气公司投资意愿低、其他资本被限制进入。

（一）天然气勘查开采长期投入不足

近几年，我国天然气勘查开采投入显著下降。2015年，全国油气勘查投资600.06亿元，同比下降19.2%。完成探井3023口，同比下降13.7%。全国油气开采投资1893.43亿元，完成开发井20079口，同比下降29.7%和25.6%。2016年，油气勘查、开采投资分别为527.5亿元和1333.4亿元，同比下降12.1%和

① 资料来源于自然资源部2017年全国矿产资源储量情况新闻发布会。

29.6%，比2007年还分别下降了14.4亿元和197.4亿元，回到了10年前的水平；完成探井2715口和开发井15368口，同比下降10.2%和23.5%。过去5年，全国累计地质勘查投入4800多亿元，但全国油气探矿权面积连续4年大幅下降。截至2017年底，全国共设置油气探矿权938个，面积327.01万平方千米；油气采矿权726个，面积16.03万平方千米①。

1. 政府投入长期不足

我国政府相关投入水平较低且2014年以来逐年下降。2010～2017年，全国公共财政支出中用于石油和天然气勘查开采的资金分别为6.73亿元、2.80亿元、3.30亿元、15.78亿元、13.99亿元、6.52亿元、4.97亿元、5.04亿元②。同期，我国天然气年消费量从2010年的1069亿立方米大幅提升到2017年的2373亿立方米，增长了122%。国内勘查投入低，直接影响到天然气产量，导致进口规模快速增加。2017年我国天然气进口920亿立方米，占国内消费量的39%。

政府投入不足也造成了我国非常规天然气开发的迟滞。2009年前后，北美页岩气革命引发了世界能源大变局。我国具有页岩气大规模成藏的基本条件，据估计，全国可采资源量约为25万亿立方米（不含青藏区），与陆域常规天然气相当，与美国页岩气的24万亿立方米相近。但由于相关地质勘查投入不足，据不完全统计，截至2012年，我国页岩气调查评价和勘查的累计投入不足70亿元，页岩气资源勘查开采明显滞后，资源未能得到有效利用，对我国能源供给的贡献很小。

天然气资源勘查具有一定的公益属性，政府加大投入，获取的地质资料为行业共享，这是促进天然气勘查开采的重要手段。我国早在2006年就曾提出要“建立政府与企业合理分工、有机结合的工作机制，公益性地质调查与商业性地质勘查区别运行、相互促进的勘查体系，中央与地方各负其责、相互协调的管理

① 数据来源于2018年3月30日原国土资源部勘查司和油气中心在北京组织召开的《全国石油天然气勘查开采区块登记状况图册（2018年度）》定稿会。

② 数据来源于历年财政部中央决算报告。

体制，勘查与开发紧密衔接、良性循环的运行机制”①，但目前来看，效果并不理想。

2. 企业投入力度大幅下滑

中石油、中海油、中石化占有大部分天然气区块，但三大公司勘查开采投入显著不足。据相关部门统计，2000～2013年，三大石油公司收入大幅增长，勘查投入、利润、税收等也增长较快，但与收入相比，勘查投入所占比重不断下降。由于没有严格执行《矿产资源勘查区块登记管理办法》规定的最低投入标准②，自然资源部加大了对勘查区块的核销力度。2013～2017年共核减勘查区块面积91万平方千米，其中，2017年注销核减面积就达到24.97万平方千米。

由于矿业权持有成本低，实质上鼓励了国有油气企业的“占而不采”。根据相关规定，企业每年最高只需交付500元/平方千米的探矿权使用费，因为持有成本低，三大油气企业积极抢占区块，目前基本完成对国内有利区块的登记全覆盖，但在开采方面则没有足够的积极性。在现有的勘查区块中，中石油、中石化、中海油的探矿权面积分别占全国的36.31%、24.26%和36.36%，其他企业仅占3%；3家公司的采矿权面积分别占76.72%、17.53%和4.87%，其他企业仅占1%。

3. 其他社会资本无法进入

在我国从事油气资源勘查开采须经过国务院批准，目前只有中石油、中石化、中海油和延长油矿四家国有石油公司获准在中国境内从事油气资源勘查开发，其他石油公司、国外企业不能直接参与上游业务，必须与四家企业合作，形成了事实上的准入壁垒。此外，我国对勘查资质与天然气探矿权绑定，限制了企业进入。《矿产资源勘查区块登记管理办法》规定，申请探矿权登记时须提交相应的勘查资质证书。《地质勘查资质管理条例》则规定了资质申请条件。由于在

① 2006年4月3日，全国地质工作会议在北京召开，时任中共中央政治局委员、国务院副总理曾培炎出席会议并要求，要加强基础地质、环境地质、水文地质、工程地质等工作，搞好地质灾害防治，全面增强地质服务功能。

② 探矿权人应当自领取勘查许可证之日起，按照下列规定完成最低勘查投入：（一）第一个勘查年度，每平方千米2000元；（二）第二个勘查年度，每平方千米5000元；（三）从第三个勘查年度起，每个勘查年度每平方千米10000元。

天然气领域目前只有国务院批准的四家企业具有油气勘查资质，而后续进入油气勘查领域的企业并不具备申请勘查资质的条件。在对外合作上仍采用专营限制。我国分别于1982年、1993年制定了《对外合作开采海上石油资源条例》和《对外合作开采陆上石油资源条例》，规定中海油在海上对外专营，中石油、中石化在陆上对外专营，目前这个专营格局没有改变。准入壁垒和资质限制将国内其他企业排除在外。虽然这些企业通过“走出去”获得了国外区块，已经积累了足够的技术和管理经验，但仍无法进入国内天然气的勘查开采领域，严重制约了行业发展。

（二）公众利益得不到有效保障

天然气资源属国家所有，但长期以来，我国天然气资源的所有者收益极低，根据中央国有资本经营收入预算表显示，2017年，石油石化企业利润收入上缴中央仅106.88亿元，这与我国庞大的油气资源体量极不相称，而且，企业上缴的利润大部分通过补贴方式回流到企业中去，因而实际上缴金额变得更少。据相关研究测算，2013年石油石化国有企业上缴的利润为298.65亿元左右，而当年中石油和中石化共获得补贴达127亿元，这相当于企业上缴的利润又以补贴的形式回流到企业中。只有被调入一般公共预算部分，才可称之为收益全民共享，也就是说，2013年全民共享部分不到180亿元，2017年这一数据更低。

天然气作为资源行业，需要企业缴纳资源税，但我国对资源开发征收的税费比率较低，天然气企业缴纳的资源税仅是其销售额的5%或6%，导致大部分利润留在了企业。此外，天然气企业还享受着大量的税费优惠。比如在增值税方面，中石油享受进口天然气按比例返还进口环节增值税的待遇。

天然气产地的政府和居民收益很少。当前的天然气开采利益分配机制不合理，并未给予地方充足的补偿，这也导致了部分地区油气资源开发秩序问题突出。据统计，仅2018年前8个月，中石油和延长石油在陕西省榆林市绥德县围绕矿权问题就发生了三起大规模暴力冲突，致多人受伤。

此外，工商业用户长期为天然气使用支付较高的成本。我国居民用气、工商业用气价格远高于美国。2016 年，我国工业用天然气全国平均价格约为 2.8 元/立方米、居民用天然气价格则在 2.5 元/立方米左右，同期美国工业用天然气价格折合人民币在 1 元/立方米以下，商业用天然气的价格折合人民币在 1.5 元/立方米左右，居民用气价格在 2 元/立方米以下，我国工业用气价格是美国的近 3 倍，居民用气价格则高出 25%。

多数资源富集国通过征收矿业权租金和红利、权利金和超额利润税、同企业签订开发合同等方式，确保国家获取油气资源收益最大化，部分国家还专门将油气收益设置为基金，我国目前对相关制度的制定工作仍在探索中。

（三）勘查开采机制存在缺陷

我国对天然气资源的管理经历了从计划经济向市场经济的转型，但长期以来，保障能源供应安全的观念始终占据重要位置，造成了天然气资源勘查开采利用市场化程度不高，效率低。目前，仍只有中石油、中石化、中海油、延长四家企业拥有天然气资源的勘查开发权，中石油、中石化垄断陆上石油的对外协作勘查、开发专营权，中海油独占海上石油对外专营权。由于没有其他企业进入，致使天然气勘查开采领域长期缺乏竞争、资金不足、运行机制僵化、生产效率不高，远远满足不了经济社会发展对能源的需求。

勘查开采机制的缺陷突出表现为：

一是勘查开采矿权仍以登记获得为主，招标出让试点进展并不顺利。2011 年以来，自然资源部开展了数轮竞争出让试点改革，目前来看存在不少问题。如勘查有效期只有 3 年，有效工作时间太短，勘查投入难以按勘查承诺兑现；出让的探矿权不能流转，既缺乏勘查期内退出机制，也缺乏勘查期满区块退出与延续规则；对违约后的处理细节规定不明确，缺乏争议解决机制，增加了执法难度等。

二是矿业权分别设置，引发产权纠纷。页岩气近 80% 的分布区和常规天然气分布区重叠，如果采用国际通行招标方式，不得不避开常规油气资源，但也避开了资源富集区，大部分页岩气区块将无法靠竞争方式出让。

三是政府监管力量薄弱，监管不到位。2018 年 9 月自然资源部“三定”方案正式出炉，对油气等资源管理部门实施了较大力度的整合，但与我国庞大的天然气资源相比，监管力量仍显薄弱。加之现有监督法规、技术标准和监督系统距离行业发展需要仍存在较大差距，政府对天然气资源勘查开采的监管不到位。

四是没有形成天然气资源评估中介市场。我国天然气市场较为封闭，计划色彩浓厚，极大地影响了相关辅助市场的发育。在天然气资源评估方面，目前只有政府组织的储量评审，缺少公允的市场价值评估，造成天然气矿业权无法市场化流转。

三、相关国家促进天然气资源勘查开采的主要做法

国际上天然气利用已经有上百年历史，在勘查开采体制方面经历了较长时期的探索，也积累了丰富的经验，尤其是美国、欧洲等发达经济体，对我国不断完善天然气资源勘查开采体制，推动行业快速发展具有良好的借鉴意义。

（一）政府专项计划支持公益性勘查

美国的公益性油气地质调查在国际上具有代表性，是美国实现“能源独立”的重要经验之一。公益性油气地质调查由美国政府直接拨款，由地质调查局负责，以非营利为目的，并向全社会提供服务和公共产品。美国的公益性油气地质调查长期受到重视，2006 年地质调查局启动了“能源资源计划”（ERP），重点对一些被忽视的边缘地区如阿拉斯加和一些虽已开采，但未来仍有未发现资源的潜力巨大的地区，如墨西哥湾岸区加大了勘查力度。美国政府对公益性油气地质调查的力度并没有因为近些年全球能源价格的下挫而减弱，结果是一方面带来已探明油气储量的迅速增长，另一方面丰富了油气资源的成果资料，为商业开采提供了重要的基础材料支撑。

（二）资源区块实施竞争性出让

天然气区块以竞争性出让方式为主，双边谈判项目越来越少。竞争性出让一般采取公开招标和邀标的形式。目前，大部分国家公开招标的投标主体范围面向国际，即除了面对本国的公司和公民外，外国公司也可以参加；采用邀标方式出让探矿权一般是采用定向邀请，受邀对象大多是国际知名油气公司，没有被邀请的公司则无法参加投标。美国、澳大利亚、卡塔尔、沙特阿拉伯、伊拉克、尼日利亚等天然气资源富集国均采用公开招标方式出让天然气探矿权。卡塔尔、伊拉克、沙特阿拉伯等中东国家在一些特殊项目上采用了邀标方式。

目前，在评标标准上大体有三类：一是采用现金竞标，价高者得之。中标者只有缴足中标金额方可获得勘查许可。二是工作量竞标，以投标者承诺的工作量高低来确定中标者。三是混合竞标，综合企业竞标资金、税利分成、最低工作量等，根据项目侧重选择中标人。

（三）采取符合本国利益的开发方式

为确保资源开发效率，保障资源国收益。各国一般都会对参加竞标的企业设定资质要求，主要是技术能力和资金能力方面。在开发模式上，各国依据自身油气资源禀赋条件、法律制度确定。美国、澳大利亚、英国等国家天然气工业较为发达，相关法律体系健全，监管能力较强，为体现资源主权，一般要求外国公司中标后在本国设立永久机构，才可获得勘查开发作业许可。一旦获得商业发现，政府再根据产量或者销售收入征收各种税赋。一些国家由本国国有石油公司代表政府行使天然气资源的管理权，国有石油公司作为矿业权持有人，与外国中标公司签订产品分成合同，通过产品分成合同来约束外国公司和国家公司之间的权利和义务。中东国家一般采取劳务技术合同方式。

（四）市场化运作促成美国页岩气革命

美国的页岩气革命发端于2000年前后。随着大规模、井工厂式水平分段压裂技术的推广，页岩气以每年数百亿立方米的产量递增，引发了“页岩气”革命，促成了美国“能源独立”，从能源进口国跃升为净出口国，改变了世界能源格局；同时能源成本大幅下降，推动了美国产业大发展，经济稳步复苏。能源革命也为美国在地区政治、气候变化、生态环境等重大问题上赢得了主动地位。

归纳起来，美国页岩气革命主要有四条经验。一是技术装备发达。美国企业掌握了从气藏分析、数据收集和地层评价、钻井、压裂到完井和生产的系统集成技术，出现了一批国际领先的专业服务公司。二是中小公司起到决定性作用。70%以上的页岩气由中小公司生产。在低回报、高成本的压力下，中小公司不断进行技术革新，成为推动页岩气开采技术快速发展的主要动力。三是页岩气矿业权交易充分市场化。页岩气矿业权可以采取自主经营或通过市场交易进行出让，多家公司进行专业化分工与协作。在页岩气开发产业链的各个环节会有不同的专业公司，专业公司在完成本环节相应的服务后即可退出，开采工作由下一环节的专业公司接替。高度分工的模式，极大地降低了投资规模，提升了生产效率。四是充足的资金支持。包括政府投资、税收优惠和金融市场三方面支持。从20世纪80年代至今，美国政府先后投入60多亿美元进行非常规天然气的勘查开发。即使在页岩气发展方向还不明确的时候，美国能源部已投入大量经费进行研究，这些投入对于促成技术突破发挥了重要作用。此外，美国政府还设立了非常规天然气研究基金，税收优惠方面则将传统油气开发的优惠政策移植到页岩气开发领域。发达的金融市场为相关企业提供了重要的资金支持。

四、加快我国天然气资源勘查开采体制改革的建议

当前制约我国天然气发展的主要障碍在体制机制上，应还原天然气的商品属性，按照油气体制改革方案，抓紧完善并有序放开油气勘查开采体制，提升资源接续保障能力，包括完善油气勘查开采体制、实行勘查区块竞争出让制度、实行

更加严格的区块退出机制、完善矿业投资管理机制、规范矿业权流转机制、建立和完善油气地质资料公开和共享机制。

（一）推动天然气产业跨越式发展

天然气是我国实体经济的重要组成部分，从上游勘查开采到中游储运，再到销售使用，产业链长、对其他产业带动性强。天然气作为重要的能源产品，推动其大发展，将有助于大幅降低我国实体经济的用能成本，提升产品竞争力，也将极大改善生态环境。我国天然气需要快速增长，但国内生产能力远远跟不上需求的增长。应摒弃按部就班的发展模式，出台专门政策，推动天然气行业实现跨越式发展。重点在勘查开采领域出台有力的市场化措施，吸引多元资本进入，尽快出成效。建议将天然气产业发展纳入振兴实体经济专项规划中，机制改革与行业发展并举，提高我国的资源保障能力。

（二）放开勘查准入，提升勘查效率

一是加大公益性勘查的国家投入力度，可借鉴美国等发达国家的经验，制定专项勘查规划，加大投入力度，尽快完善天然气资源基础资料，并以适当方式向社会公开。二是放开勘查准入限制，鼓励各类市场主体参与。松绑地质勘查资质，将采矿权与勘查资质分开，勘查资格证不再作为申请矿权的必要条件，以法律和合同等形式规范企业的勘查作业，加快天然气资源勘查进度。三是完善勘查服务市场。国际上，地质勘查技术服务已完全市场化，天然气勘查公司可完全通过市场找到合适的施工单位，应尽快培育并做大我国的天然气勘查服务市场，提高勘查效率。

（三）采用招标方式出让采矿权

借鉴主要国家出让天然气采矿权的经验，全面推广国际通行的公开招标和邀标出让方式。制定规范的天然气出让合同，对出让天然气矿权的范围和性质、矿权期限、勘查和开发义务、最低义务工作量、环保安全责任义务、争议解决条款

等做出详细约定。为保障国家作为天然气资源所有者的权益，以经济合同方式对天然气资源的使用费、价款、权益金等做出规定，并严格执行。改革对外合作的方式，取消三大油气企业的对外合作专营权，除非法律另有规定，一般情况下对内外资企业主体一视同仁，公平对待。

（四）以新体制促进非常规天然气生产

我国天然气资源大部分由三大油气企业掌握，这一格局短期内难有较大改变，因此，应制定措施鼓励三大油气企业加大投入。对于页岩气等非常规资源，应在前期积极探索的基础上，尽快完善市场化出让方式，形成促进非常规天然气勘探开采的新体制机制。一是所有页岩气矿业权都通过公开招标出让，价高者得之。鼓励国外企业参与投标。二是鼓励中小企业和民营资本参与，中小企业和民营资本完全可以通过采购服务来实现非常规天然气的勘查开采工作，对技术、经验等方面设置硬性资质要求已经没有必要。多元主体的介入，是快速提升我国非常规天然气资源保障能力的重要方式。三是探索权利金制度，保障国家权益。将矿产资源补偿费、矿区使用费、资源税合并为权利金，统一征收。合理界定央地权责，权利金要向地方倾斜，提高资源对地方发展的贡献力度。

（五）推动勘查开采领域技术突破

我国在天然气勘查开采核心技术领域仍有较大差距，应加大资金支持力度，建立政产学研协同机制，推动在相关领域的技术突破。非常规天然气资源勘查开采具有较大的经营风险，建议降低相关企业及相关活动的税费负担，鼓励企业投资。比如，对页岩气技术研发给予一定的财政补贴；对页岩气勘查开采中用到的国内不能生产的设备及技术等，给予进口关税优惠等。鼓励企业出资设置非常规天然气资源的勘查开采基金。

（执笔人：金爱伟）

参考文献：

［1］范必．中国油气改革报告［M］．第一版．北京：人民出版社，2016.

［2］范必．中国能源市场化改革［M］．第一版．北京：中信出版社，2018.

［3］发展规划司．天然气发展“十三五”规划［R］．北京：国家发展和改革委员会，2017.

［4］国家能源局石油天然气司等．中国天然气发展报告［R］．2018.

［5］赵先良等．油气资源管理改革研究［R］．国土资源部油气资源战略研究中心，2016.

［6］宋平．关于国务院机构改革方案的说明（1988 年）［EB/OL］．北京：第七届全国人民代表大会第一次会议，1988 －03 －28. http：//www. npc. gov. cn/wxzl/gongbao/2000 －12/26/content_ 5002068. htm.

［7］李万伦，王海华，李莉．美国公益性油气地质调查现状及启示[J]. 中国国土资源经济，2017（1）．

［8］申延平，郭继刚，罗玲，高阳，王硕．国外油气区块竞争出让攻略［N］．中国国土资源报，2017 －09 －30（6）．

［9］张宏亮，安海忠，袁悦，何波，高湘昀．美国联邦油气资源勘查开发管理流程研究[J]. 资源与产业，2013（6）．

［10］赵先良．理顺矿业权与行政许可关系——对《矿产资源法》修改重点问题的思考［N］．中国国土资源报，2015 －10 －22.

专题报告三　提升天然气基础设施水平

天然气基础设施不足成为制约我国天然气消费提升的主要短板，表现为管网密度低、互联互通不足、LNG 建设速度慢、储气库严重短缺。应按照油气体制改革方案提出的提升集约输送能力、油气战略安全保障供应能力要求，切实加大改革力度，大幅提升我国天然气的基础设施水平。

一、我国天然气基础设施发展现状

天然气基础设施包括天然气输送管道、储气设施、液化天然气接收站、天然气液化设施、天然气压缩设施及相关附属设施等。我国在相关领域起步较晚，但发展迅速，目前已经初步形成全国性天然气管道网络，沿海 LNG 接收站广布、接受能力大幅提升，为生产生活提供了安全、可靠的运力。

（一）初步形成全国性天然气管道网络

我国天然气管道建设起步较晚。第一条真正意义上的长输天然气管道“陕京一线”于 1997 年建成投产。管道总长 1098 米，设计年供气能力为 33 亿立方米，1992 年动工，1997 年 10 月完工，是当时我国陆上距离最长、管径最大、所经地区地质条件最为复杂、自动化程度最高的输气管道。

20 世纪末，党中央、国务院决定实施西部大开发战略，西气东输管道工程是其标志性工程，工程于 2002 年 7 月全线开工。西气东输管道工程以干线管道、重要支线和储气库为主体，管道干线西起新疆塔里木，东至上海白鹤镇，全长 3843 公里，设计输量 120 亿立方米/年，是当时距离最长、管径最大、投资最多、输气量最大、施工条件最复杂的天然气管道。2004 年 10 月 1 日管道全线建成投产。

此后，随着经济高速发展，对天然气需求的快速增长，天然气管道建设大幅提速。截至 2017 年底，全国天然气管道总里程达 6.8 万公里，总输气能力约为 2900 亿立方米/年①，形成了由西气东输系统、陕京系统、川气东送系统、西南管道系统为骨架的横跨东西，纵贯南北、联通海外的全国性供气网络。其中，天然气长输管道约 4.5 万公里，从分布上来看，长输管道主要集中在三大石油公司手中（中石油、中石化、中海油拥有的长输油气管道分别占到 85%、8% 和 5%），占比超过 98%。

2017～2020 年，我国还将修建（或已在修建）13 条长输管道，3 条跨省区域联络线，以及页岩气外输管道，预计到 2020 年，我国天然气管道总里程将达到 10.4 万公里。

（二）沿海 LNG 接收站接收能力大幅提升

LNG 是 1960 年前后发展起来的一种新能源。我国台湾在 1990 年建成了高雄的永安接收站。广东与 1999 年开始立项建设第一座 LNG 接收站——大鹏湾接收站，2006 年建成投产。随着国际上 LNG 储运技术的提高以及我国东南沿海地区对天然气需求的持续增长，沿海 LNG 建设进入快速车道。截至 2017 年底，共建成 LNG 站 20 个，其中已投运 17 座，分布在沿海的 11 个省市。截至 2017 年末，我国形成的 LNG 进口接收能力为 5390 万吨/年。

我国 LNG 站的建设将呈现爆发趋势。目前，我国在建和计划建设的 LNG 站

① http：//www.xinhuanet.com//energy/2018－12/28/c_ 1123918661.htm.

项目多达37个（尚不含已暂定项目7个），其中已开工6个，项目申请核准7个，规划筹建中的有24个。据估计，到2020年我国将形成LNG进口接收能力约7000万吨，到2030年将超过1亿吨①。

（三）储气库建设短板正在改善

1999年随着陕京管道的建设，我国开始筹建国内第一座调峰储气库——大张坨储气库，以保障京津冀地区冬季调峰及安全平稳供气。2005年西气东输第一座盐穴储气库——金坛储气库开工建设，为长三角地区调峰保供发挥了重要作用。2011年第一批商业储气库开工建设，并于2013～2014年陆续投入运行，部分储气库已发挥调峰作用。

全国已建成地下储气库20余座，储气库调峰量约100亿立方米，仅占全国天然气消费量的5%。距世界平均水平10%有较大差距，远低于欧美成熟市场15%～25%的水平②。目前，国内储气库运营商只有中石油、中石化、港华燃气三家，其中中石油已建成24座（盐穴型1座，油气藏型23座），现已全部投运；中石化建成油气藏型储气库1座，港华燃气盐穴型储气库1座。国内已投运的储气库在环渤海、长三角、西南、中西部、西北、东北和中南地区均有分布。

近年来，能源主管部门不断促进储气设施建设，主要思路是推动上游气源企业、下游城燃企业和地方政府落实调峰和应急储气义务。2018年4月，出台《关于加快储气设施建设和完善储气调峰辅助服务市场机制的意见》明确各方责任。其中，供气企业、管道企业承担季节（月）调峰责任和应急责任。管道企业重在承担应急责任，到2020年拥有不低于其年合同销售量10%的储气能力。城镇燃气企业承担小时调峰供气责任，到2020年形成不低于其年用气量5%的储气能力。地方政府负责协调落实日调峰责任主体，供气企业、管道企业、城镇燃气企业和大用户在天然气购销合同中协商约定日调峰供气的责任。县级以上地方人民政府指定的部门会同相关部门到2020年至少形成不低于保障本行政区域日

① 2017年我国天然气基础设施发展情况简报［Z］．石油观察智库天然气研究中心．

② 我国储气库调峰量严重不足［N］．中国石化报，2018－06－01．

均3天需求量的储气能力。9月出台的《国务院关于促进天然气协调稳定发展的若干意见》，明确了储气库建设的具体路径，即建立以地下储气库和沿海LNG接收站为主、重点地区内陆集约规模化LNG储罐为辅、管网互联互通为支撑的多层次储气系统。在具体操作上，重点提出集约化规模化运营储气设施，避免“遍地开花”；通过签订可中断供气合同等方式作为临时性过渡措施；放开枯竭油气藏、盐穴、油气田等建库资源等路径。在政策推动下，我国储气库建设明显加速，一批项目已经开工，储气短板正在改善。

二、天然气基础设施发展存在的主要问题及原因

21世纪以来，我国秋冬季频繁发生“气荒”问题，2017年底情况更甚，全国20多个省区出现了“气荒”，一些省份形势严峻，河北、湖南等省相继进入黄色预警状态，北京甚至紧急重启备用燃煤机组，保障能源供应。但在国际上，自2009年北美页岩气革命以来，全球天然气供给已经呈现多点供应、总体供大于求、价格不断走低的格局。在这样的形势下，我国却频频出现“气荒”现象，问题出在天然气基础设施领域存在较严重的体制机制制约和结构性矛盾，包括勘查开采和管道输送环节主体少，竞争不足，管道运营不透明，难以实现第三方市场主体公平接入等问题。由此导致我国天然气管网密度低、互联互通不足，LNG进口接收能力不足，储气能力严重滞后，保供难等问题。

（一）天然气管网密度低互联互通不足

我国天然气管网虽然发展迅速，2017年全国天然气管道总里程达到6.8万千米，天然气已覆盖了全国80%以上的城市。但整体上看管网密度仍不高，管网互联互通工作仍需尽快推进。

第一，管网密度低。目前我国管网总里程接近70万千米，干线总里程仅为

美国的1/8、俄罗斯的1/4，干线管道密度仅为美国的1/8、法国的1/9、德国的1/10，人均管线长度为0.5米，低于全球人均1.11米的水平，现有管网布局和密度已经远远不能满足快速增长的天然气供给需求，尤其是对小型天然气、煤层气、页岩气、煤制气的输送方面。大量的LNG只得通过槽车运输，成本高、安全隐患大。

第二，互联互通不足。天然气管网的互联互通、优化利用、提高供气的安全可靠性是必然趋势。根据管道承担的任务、角色、技术要求等的不同，可以将我国天然气管网分为跨国主干网、区域网、城市干网、终端用户网四个层级。由于三大油气企业占据绝大部分，彼此间互联互通较差。区域网、城市干网大多由省属国有企业和三大油气企业合资建设，一般由省属国企控股，与国家主干管网互不隶属，互联互通程度也不够，由此导致城市管网气源单一，保障能力下降。目前，长输干线管网未能覆盖全国，海南、西藏等省区尚未接入全国长输管道系统中，超过20%的地级行政单位、约30%的县级行政单位没有接通管道气。由于东南沿海城市之间管网互联互通不足，导致沿海LNG接收站资源未能得到有效发挥。我国LNG接收站气化后的天然气大都就近供应，只有少量接入干网系统，沿海输送干线还没有形成。

2015年出台的深化国有企业改革指导意见要求，对自然垄断行业，实行以政企分开、政资分开、特许经营、政府监管为主要内容的改革，根据不同行业特点实行网运分开、放开竞争性业务，促进公共资源配置市场化。2017年出台的油气体制改革方案再次明确，改革油气管网运营机制，分步推进国有大型油气企业干线管道独立，实现管输和销售分开。应该说，剥离现有油气公司管道业务，组建新的管网公司已成定局，在这种情况下，三大油气企业投资管网建设意愿低，明显放慢了管网建设的投入力度，无法满足高速增长的天然气消费需求。

油气体制改革相关细则迟迟未出，这主要是因为在网运分离后究竟是组建单一国家管网公司还是多家管网公司，仍存在重大分歧。研究机构和市场人士普遍认为，如果成立一家管网公司，虽然打破了三大油气公司垄断天然气管网的格局，但可能会成为又一个新的垄断巨头，并不利于中国天然气行业的健康发展。

（二）LNG 接收能力不能满足国内快速增长的需要

三大油气公司高度垄断 LNG 接收存储运输设施。接收存储设施是进口 LNG 的关键，截至2017年底，我国共投运 LNG 接收站17个，其中中海油7个、中石油4个、中石化2个，三大油气公司接收能力占到总能力的90%以上。目前，三大油气公司既是 LNG 接收站的所有者、运营者，也是天然气的主要经销商，与其他燃气企业存在竞争关系。因此，三大油气公司以外的企业，即便可以从国际上买到便宜的 LNG，也无法上岸和通过管道运送到下游进行分销，因而限制了我国对 LNG 的进口。

由于大量高价长协在手，三大油气公司进口现货 LNG 意愿低。2007～2011年国际能源价格高位运行，在此期间，三大油气公司签署了大量 LNG 进口长期协议，这些合同大部分要执行到2030～2035年，且没有价格回顾条款，由此三大油气公司进口 LNG 价格成本较高。如果进口过多的 LNG 现货，会导致国内气价下降，冲击高价气市场，因此三大油气公司接收和进口 LNG 现货、扩大上游供给的积极性不高。

三大油气公司以外的企业建设 LNG 接收站面临多重困难。一是政策方面缺乏细则。2014年国家发展改革委发布《天然气基础设施建设与运营管理办法》和《油气管网设施公平开放监管办法》，明确提出，国家鼓励、支持各类资本参与投资建设纳入统一规划的天然气基础设施。但是，对于第三方准入 LNG 接收站的详细细则一直没有出台。二是审批部门多、程序复杂。建设 LNG 接收站除了要经过市级、省级以及国务院有关部委审批外，LNG 接收站码头还要通过交通局审核，浮式 LNG 接收站要经过海洋局审核。天然气基础设施建设涉及安全和环保等因素，在选址、用地（用海）以及环评上需要经过多层审批，耗时冗长。三是对民营企业投资仍存在限制。我国基础设施投资准入尚未完全放开，投资准入事实上存在“玻璃门”“弹簧门”。虽然国家鼓励民间资本参与基础设施建设，但仅限定于参股或参与，而不是作为单独的市场主体进入。各种区域发展规划和天然气发展专项规划中确定的 LNG 接收项目，基本由三大油气企业和省属国企承担。因此民营企业即使意愿再强，也无法参与其中。四是设置前置条件，加大企业成本。目前建设 LNG 接收站需以确定的海外资源来源作为前置条件，这无疑加大了企业的进入成本。五是难以接入管网。LNG 接收站需要接入陆上天然气管网，才能降低在国内运输的成本。但是目前我国的天然气长输管线基本被三大油气企业垄断，省网被三大油气企业及地方国企占有，限于进口基础设施的排他性，即便民营企业有了自己的 LNG 接收站，也无法接入区域管网，仅能够以液态形式在周边范围内进行销售。由此限制了民营企业投资 LNG 建设的意愿。新奥浙江舟山 LNG 接收及加注站项目于 2014 年开工建设，2018 年 8 月开港投产接卸 LNG，但目前仍未连接到陆上管网。

（三）储气库建设滞后，储备调峰能力严重不足

我国天然气工业处于快速发展阶段，储气库建设滞后，造成调峰储备能力严重不足，直接影响着天然气的安全稳定供应。欧美发达国家的天然气调峰储备能力一般相当于消费量的 15% ~25%，应对季节性供需变化的调峰能力比较强。我国的综合储气能力仅为 160 亿立方米，约占 2017 年天然气消费量的 6.7%，远低于发达国家的水平。

枯竭油气藏是建设地下储气库的优先选择。我国已经初选出近 200 个枯竭油气藏作为建库目标，目前已使用了 20 多个，剩下的枯竭油气藏中还有 60 多个可建成储气库。但按照现有规划进度，未来几年内总的气藏调峰能力较发达国家水平仍有很大差距，无法满足调峰需求。

2018 年以来，国务院及能源主管部门下大力气出台一批政策，促进我国储气设施建设，对于提高储备调峰能力发挥了积极作用。但是客观地看，我国的天然气生产体系存在较明显的计划经济特征，距离实现中央提出的油气体制改革目标仍有较大距离，落实上述政策存在较大难度。一是枯竭油气藏基本为国有石油公司垄断，短期内民营企业无法开发利用。枯竭油气藏是建设地下储气库最重要的资源，在国内基本为国有油气公司所垄断，其他投资主体无法开发利用。二是储气库运营管理模式单一。国内的储气库主要由两大油气公司和少部分城市燃气公

司投资运营，主体单一，运营模式基本采取“捆绑销售型”。运营成本高、收益低导致三桶油缺乏投资建设意愿，其他公司建设储气库则面对难以并网等障碍。三是价格机制不灵活影响企业投资积极性。国内天然气价格既有国家定价又有市场定价，因为价格信号失灵，企业没有建设调峰能力的积极性。如表3－1所示。

表3－1　近年我国储气调峰重要政策（部分）

出台时间	文件名称	主要内容
2016年	《天然气十三五规划》	逐步建立以地下储气库为主，气田调峰、CNG和LNG储备站为辅，可中断用户调峰为补充的综合性调峰系统，建立健全由供气方、输配企业和用户各自承担调峰储备义务的多层次储备体系。到2020年形成地下储气库工作气量148亿立方米。有序发展LNG接收站调峰，加快建立和完善城市应急储气调峰设施，鼓励多种主体参与储气能力建设。加强需求侧管理，利用调峰气价、阶梯气价等价格手段，拓展可中断用户，激励各类用户参与调峰
2017年	《关于全面开展天然气储气调峰设施建设运营情况自查和整改的通知》	2020年主要供气企业储气能力达到合同供气量的10%、各地达到平均3天用气量的储气能力。各地和主要供气企业要最大限度发挥现有天然气储气调峰能力，加快项目建设，确保未来各年度迎峰度冬天然气供应稳定，2020年达到规定指标
2017年	《中长期油气管网规划》	加快东北、华北、华东、华中等地区地下储气库建设，新建干线管道配套储气库工作气量应达到管道设计年输量的10%以上，2025年实现地下储气库工作气量超过300亿立方米。加快LNG接收站储气能力建设。新建、扩建LNG接收站储气量应达到设计年接收能力的10%以上，已建LNG接收站扩建项目优先考虑增加储气能力，以满足中心城市及辐射地区的应急调峰需求。在用气负荷中心城市，加快建设小型LNG储罐、CNG球罐及配套储气设施，解决重点城市的日、小时调峰和应急用气要求
2017年	《加快推进天然气利用的意见》	天然气销售企业承担所供应市场的季节（月）调峰供气责任，城镇燃气企业承担所供应市场的小时调峰供气责任，日调峰供气责任由销售企业和城镇燃气企业共同承担，天然气销售企业应当建立企业天然气储备，到2020年拥有不低于其年合同销售量10%的工作气量。县级以上地方人民政府要推进LNG、CNG等储气调峰设施建设，组织编制燃气应急预案，采取综合措施至少形成不低于保障本行政区域平均3天需求量的应急储气能力

续表

出台时间	文件名称	主要内容
2018 年	《关于加快储气设施建设和完善储气调峰辅助服务市场机制的意见》的通知　发改能源规〔2018〕637 号	供气企业应当建立天然气储备，到 2020 年拥有不低于其年合同销售量 10% 的储气能力，满足所供应市场的季节（月）调峰以及发生天然气供应中断等应急状况时的用气要求。县级以上地方人民政府指定的部门会同相关部门建立健全燃气应急储备制度，到 2020 年至少形成不低于保障本行政区域日均 3 天需求量的储气能力，在发生应急情况时必须最大限度保证与居民生活密切相关的民生用气供应安全可靠。城镇燃气企业要建立天然气储备，到 2020 年形成不低于其年用气量 5% 的储气能力。作为临时性过渡措施，目前储气能力不达标的部分，要通过签订可中断供气合同，向可中断用户购买调峰能力来履行稳定供气的社会责任。同时，各方要根据 2020 年储气考核指标和现有能力匹配情况，落实差额部分的储气设施建设规划及项目，原则上以上项目 2018 年要全部开工
2018 年	《关于促进天然气协调稳定发展的若干意见》	构建多层次储备体系。统筹推进地方政府和城镇燃气企业储气能力建设，实现储气设施集约化规模化运营，避免“遍地开花”，鼓励各类投资主体合资合作建设储气设施。强化天然气基础设施建设与互联互通。抓紧出台油气管网体制改革方案，推动基础设施向第三方市场主体公平开放；深化“放管服”改革，缩短项目建设手续办理和审批周期

三、主要国家天然气基础设施建设经验

美国、英国、德国、俄罗斯等国家已经建立了较完整、均衡和全面覆盖的天然气管网。美国天然气管网是一个发达的系统，可以为美国 48 个州几乎任何地区输送天然气或从其输出天然气。美国天然气干线管道超过 49 万千米，地下储气库超过 400 个，总库容量超过 2000 亿立方米。欧洲则是世界天然气管网最密集的地区，建有 12.6 万千米输气干线管道，18 座 LNG 接收站和 60 多个地下储气库。俄罗斯拥有输气干线管道约 15.5 万千米，配气管道 37.8 万千米，100% 的天然气均实现管道输送，连接 500 多个气田，每年向世界 1500 多个城市和乡镇供气。美国、欧洲、俄罗斯等经济体在管网、储气库、LNG 接收站等天然气基

础设施建设上积累了丰富的经验。

（一）管网建设及运营模式与发展阶段相适应

美欧天然气工业发达，在管网建设、运营模式上探索出了多种模式。一是美国模式。美国天然气市场属于完全市场化模式。天然气管输分离，管网由众多专营公司运营，政府分级监管。二是德国模式。德国的长输管网由多家私营公司投资建设、垄断经营，政府对管输价格实施管制。三是英法模式。国家投资建设运营，待天然气市场成熟后，对国有公司私有化、放开管网市场。四是荷兰模式。由国有资本和私人资本合资的管网公司共同经营管输业务。

综合美国、欧盟各国经验，天然气管道建设一般经历三个阶段——初始期、成长期和成熟期。在不同阶段，市场结构的特征不同，政策导向也有区别。在初始期，由于国内基础设施不足、法规不健全，多数国家选择了油气开发生产与管道运输的一体化发展，以增强抗风险能力，保证企业收益。在成长期，油气管道仍然主要依靠油气生产商建设和运营，但开始有新的独立管道投资商进入。在成熟期，油气市场和基础设施都已经达到一定规模，市场参与者多，竞争激烈。在油气上游环节引入竞争，油气供应业务和管输业务分离，管道运输实行专营。即美欧各国一般处于天然气产业发展初始期和成长期，政策重点在着力于加快管道投资建设上。到了成熟期，推动市场化运营是大多数国家的选择，政策重点转向保证市场公平、提高行业经营效率。不管采取何种经营模式，在任何阶段，管网业务都受到了政府的严格监管。

（二）以非歧视性形式推进 LNG 接收设施投资

欧盟以法律形式推动“以非歧视性形式推进基础设施投资”。1998 年欧盟发布第一号天然气指令《天然气内部市场通用规则》第一版，要求具有自然垄断性质的运输网络、储气库以及 LNG 接收站等基础设施推行第三方准入。成员国可选择强制性或协商性的第三方准入机制，具有自然垄断性质的基础设施仍可归于纵向一体化企业，但需要实行会计核算分离。

2009 年欧盟发布天然气第三号指令《天然气内部市场通用规则》第三版，要求以非歧视性形式推进基础设施投资，对新加入企业实行公平准入以及确保市场透明度的最有效措施来实行所有权分离。第三版指令允许实行另外两种分离方式，即建立独立系统运营商（ISO）以及独立输送运营商（ITO），要求成员国至少实行这三种分离方式当中的一种。

（三）以规范的储气调峰市场促进储气库建设

从 1915 年第一座地下储气库建成至今，世界地下储气库建设与运营已历经百年。目前，85% 的储气库集中在北美和欧洲等天然气市场发展较成熟的地区，且以中小规模油气藏型储气库为主。北美、欧洲等天然气市场发达国家在储气设施建设运营方面积累了丰富的经验，综合来看：

一是投资建设主体多元。美国储气库的所有者和经营者目前已经超过 100 多家，大体上有州际管道公司、州内管道公司和城市燃气公司、独立储气库运营公司四类。美国以立法的形式推动储气库规范建设，通过严格控制储气费率，鼓励各类资本投资建设，避免形成行业垄断，促进市场竞争，降低成本。

二是储气库的运营充分发挥市场机制作用。美国天然气已经实现高度市场化，储备、输送和供应均以市场机制进行，相关参与主体分工协作，密切配合。储气库的所有者和经营者主要有州际管道公司、地区经销商和州内的管道公司、独立地下储气库经营者。经营者负责日常生产和经营管理，向天然气营销商提供储气、采气服务，收取储转费，一般不拥有储气库内的天然气。城市燃气公司、管道公司和销售公司是储气库中天然气的所有者。其中，城市燃气公司拥有大型的城市配气管网和较多的储气库，使用储气库的目的已经由解决供气调峰，逐步转变到通过合理运营储气库以获得更多的经济收益。

三是建库管理和运营销售模式与发展阶段相适应。在市场竞争程度不高的时期，储气库由天然气供应商或者城市燃气分销建设和管理，采取“捆绑销售型”进行运营，通过管输费回收投资成本；市场完善阶段，储气库建设与管理模式多元，既有天然气供应商、城市燃气分销商投资建设，也有独立的第三方以及多方合资。运营模式逐步形成以“独立仓储型”为主（收取存储/中转费），“捆绑销售型”和市场价差型（完全市场化）为辅的多元格局。日本国内储气全部通过LNG进口终端站储罐实现，政府对进口天然气和城市燃气企业并无法定要求规定储气责任。天然气储备完全通过供气企业与客户的商业合同实现，日本的储气模式已完全商业化。

四是通过灵活的价格机制鼓励建设运营。美国等国家储气库快速发展，除了储气库建设禁令的解除，燃气发电快速增长外，根本原因是存在冬夏天然气价格差、调峰气价及高峰时的议价气等。价格差的存在，促使天然气销售商在气价低时储气、气价高时卖气，赚取价差。高循环次数也为储气库经营商带来较高的经营收入。

四、加快我国天然气基础设施建设的政策建议

天然气产业是我国实体经济的重要组成部分，对于促进经济高质量发展、实现能源革命、改善生态环境具有重要作用，应加大支持力度，加快天然气基础设施建设。

（一）加大投资，简化审批，加快天然气基础设施建设

一是制定系统的天然气管网规划。建议由主管部门制定专门的天然气管网规划，将三大油气企业各自的管网建设纳入全盘考虑，将管网按功能分层为跨国干网、区域干网、城市网等系统，统一各层建设标准。

二是建立多种融资平台，大力推动天然气管网的投资开放。允许和鼓励各类投资主体组建新的管网储运公司，从事管网、LNG接收站、储气库等相关基础设施建设。鼓励符合条件的企业发行企业债券、短期融资券、中期票据、中小企业集合票据等，充分利用市场融资工具提高资金保障能力。同时，加大政府对管网

的建设力度。将条件成熟、项目科学的部分管网、储气库项目纳入 PPP 项目库，鼓励企业参与建设。

三是简化审批。进一步深化基础设施投资项目审批制度改革，下放审批权限，简化审批程序。建议为天然气基础设施项目的投资建设开辟快速审批通道。进一步简化审批流程，优先办理用地预审，根据地方地质、自然环境等，确保符合条件的 LNG 接收设施申请得到受理。建议以天然气保供为优先目标，配合项目，调整土地规划、城镇规划；建议取消相关项目的施工许可证审批，项目开工后再逐步办理其他审批事项。

（二）多元施策促进管网互联互通和向第三方开放

一是尽快出台油气体制改革细则，组建多家管网公司，采取专业化运营模式。将原属于三大油气公司的天然气管道、LNG 接收站、储气库以及各省级管网资产独立出来，根据经济性组建多家区域管网储运公司，各公司基础设施实现互联互通。管网储运公司公平地为各市场主体提供天然气运输、储存服务，不得从事天然气销售业务。从事油气生产、进口、销售的公司不得控股管网储运公司。

二是重点推动东南沿海城市网之间的互联互通。我国东南沿海区域是天然气的主要消纳市场，但是受 LNG 接收站布局及各地产业结构差异的影响，天然气供需并不匹配，应加大城市间管网的互联互通能力，提升区域保障能力。

三是优先解决现有 LNG 接收站与管网之间的互联互通，确保民营企业接收、输出管道通畅。建议由发改委、能源局协调 LNG 接收设施运营企业、国有油气公司和地方管网公司，抓紧解决现有 LNG 接入管网的问题。

四是加强监管。建立专门从事天然气监管的机构，严格监管管网输配价格、储气价格等，确保公平开放。

（三）大力促进民间资本投资 LNG 接收设施建设

民间资本投资 LNG 仍受到发展规划、港口资源、接入管网等方面的障碍，应在这些领域和环节加大改革力度，为民间资本创造公平的市场环境。

一是制定全国 LNG 布局规划。根据快速发展的国内需求，统筹布局沿海沿江的 LNG 接收站建设，鼓励多元主体投资建设，快速提升 LNG 的接收能力。

二是提高港口的利用效率。我国在沿海区域布局了一批 LNG 接收站，但建成的只是少数部分，且部分建成的 LNG 接收站未能充分利用港口资源，存在空间利用不足的问题。应鼓励和支持港口资源的充分利用，对长期不建设或者利用不足的，督促企业加快建设。对于长期达不到建设标准的，可制定规范予以强制收回，重新分配。

三是推动 LNG 接收站独立运营。按照网运分开、放开竞争性业务的原则，将原属于三大油气企业的 LNG 接收站独立出来，成立单独的接收储存公司，不再从事购气和售气业务，天然气生产、销售企业不得控股。

四是加大 LNG 接收设施建设支持力度。建议将已经在储气库建设方面实施的鼓励政策，包括所得税返还、“油气基础设施及产能建设”专项资金支持，进口设备关税减免等政策推广到 LNG 接收设施中，简化操作手续，方便企业用好用足支持政策。鼓励符合条件的企业发行企业债券、短期融资券、中期票据、中小企业集合票据等，充分利用市场融资工具，提高建设能力。

（四）以模式创新和价格改革为重点促进储气库建设

我国储气调峰能力缺口很大，亟须因地制宜，建设一批运行效率高的储气设施，多管齐下，切实推动储气能力快速提升。

一是加快储气设施的统筹规划建设。中央已经明确上游企业、地方政府、城市燃气应该建设的储气能力要求，自然资源部等部门也在下大力气推进建库资源整合、出让等，应协调相关部门，统筹市场需求和建库资源供应情况，形成可操作的储气库建设规划，为相关企业投资建设储气库提供有力的政策支持。

二是保证储气库管道输送畅通。要明确管网设施的建设主体责任，加快管网升级改造。与储气库相配套的气化能力、管道输送及管网互联互通等必须同步规划建设，打破运行壁垒，确保进得来、出的去，有效发挥储气库的储备调峰能力。

三是鼓励多种建设运营模式。目前我国储气设施基本上都采取供气企业自建自用模式，而发达国家已经形成完善的储气市场。采取什么样的储气库运营模式与所处阶段有关，我国处于快速发展阶段，应鼓励多元方式，鼓励供气企业自建，支持第三方建设运营。鼓励相关企业通过合作建设区域大型储气库、LNG 接收设施等，提高运行效率和保障能力。

四是形成储气调峰价格激励机制。欧美发达国家的调峰储气服务市场也是伴随着基础设施开放发展而来的，值得学习借鉴。我国应放开储气库气价，形成多储多供，供求关系决定价格的储气市场格局。鼓励成立专业化储气服务公司，提供储气服务，对于自有储气设施，其储气服务价格由储气设施运行企业根据运行成本、市场供求关系等自主确定；对于委托经营的储气设施，价格由储气服务公司和委托企业协商确定。考虑到当前我国的储气设施基本由少数油气公司掌握，尚无法形成对供求关系反应灵敏的市场价格，因此，建议由天然气主管单位按“准许成本加合理收益”的原则制定储气库服务价格、储气库管输价格，使储气库运营得到合理回报。

五是为企业的投资建设提供政策支持。建议自然资源部门抓紧推进枯竭油气藏、油气田、盐穴、煤矿、金属矿等地下储气库资源的普查，尽快公开相关基础资料，制定透明、规范的出让规则，公平出让储气库建库资源。建议相关部门出台储气库建设标准规范，明确地方储气库建设运营主管单位、地下储气地质构造使用权等。建议由发改委、能源部门协调规划、土地、海洋、生态、安全等部门，解决储气设施在规划、选址、生态、安全等方面遇到的实际困难，推动已经规划的储气设施项目尽快落地。建议由发改委协调财税金融部门，确保已经出台的所得税返还、“油气基础设施及产能建设”专项资金支持，进口设备关税减免等政策落到实处，并加大中央预算内资金向重点项目的倾斜力度。

（执笔人：金爱伟）

参考文献：

［1］范必．中国油气改革报告［M］．第一版．北京：人民出版社，2016.

［2］范必．中国能源市场化改革［M］．第一版．北京：中信出版社，2018.

［3］国家能源局石油天然气司等．中国天然气发展报告［R］．2018.

［4］张萌．专访国务院研究室综合经济司副司长范必［N］．第一财经日报，2012－08－20（1）．

［5］吕建中，司云波，杨虹，郝宏娜．美俄欧天然气管网运营管理模式比较及启示[J]．国际石油经济，2015（4）．

［6］陈银泉，唐振宇，张晓锋．关于推动我国 LNG 产业发展的思考[J]．中国海上油气，2015（1）．

［7］李倩．专家呼吁加快实现全国天然气管网互联互通［N］．中国能源报，2017－12－25（13）．

［8］汪红，姜学峰，何春蕾，武川红．欧美天然气管理体制与运营模式及其对我国的启示[J]．国际石油经济，2011（6）．

专题报告四　“以气定改”推进“煤改气”

“煤改气”是能源转型的主要形式，是改进燃煤带来的高污染和碳排放的重要手段，但也面临着天然气供给能力和供给安全的约束，以及安全性、经济性的争议，需遵循统筹规划、循序渐进、量力而行的原则，持续稳妥推进。

一、当前“煤改气”的重点和方向

“煤改气”是一种能源转化方式，通过将燃料由煤炭改为天然气，减少煤炭使用量，减少烟尘和二氧化碳等空气污染物的排放，最终实现改善区域空气质量的目的。

（一）推进“煤改气”的必要性

“煤改气”是治理大气污染的必要途径。虽同为化石能源，但天然气比煤炭更加清洁，属于清洁能源，燃料几乎不产生二氧化硫和粉尘等主要大气污染物。以城市燃气为例，天然气燃烧的 SO_2 排放量仅为煤炭燃烧的 0.8%，氮氧化物排放量仅为 7.4%，烟尘排放量仅为 4.5%，可见天然气确为清洁能源。根据生态环境部的研究分析，2013～2017年，散煤治理对京津冀地区PM2.5平均浓度下降分别贡献了27%和21%，北京PM2.5的浓度下降了35.6%，而超过七成的散煤治理是采用“煤改气”的方式。

“煤改气”是能源清洁低碳转型的重要手段。从全球来看，加速减少对煤炭的依赖已经成为重要共识。世界银行、欧洲投资银行、亚投行等世界重要投资机构都明确表示不为燃煤发电项目提供融资。英国更是率先提出弃煤，将在2025年前关闭英国国内的煤发电站。煤炭的重要替代能源是天然气。我国的天然气使用率仅为40%，而美国和英国都超过90%，我国天然气需求潜力巨大。通过推动煤改气，煤炭在我国一次能源中的占比由目前的62%逐步降低到50%以下，提高天然气在一次能源中的占比，将是我国能源结构优化的重要标志。另外，天然气在同等条件下的碳排放量仅为煤炭的一半，推进“煤改气”对我国实现能源清洁低碳转型有重要意义。

“煤改气”是提升农村居民生活品质的民生工程。农村地区是“煤改气”的重要区域，“煤改气”有助于改变农村的烧煤习惯，改善农民的生活环境和乡村生态环境，提升农民的生活品质。从这一角度看，“煤改气”是通过农村用能方式转变来提高农村居民生活水平的一项民生工程。

（二）当前“煤改气”的重点是清洁取暖散煤替代

“煤改气”的主要领域包括燃煤电厂、工业燃煤和民用燃煤的煤炭替代，受制于天然气的供应能力，目前“煤改气”的重心在民用燃烧替代上，但天然气在工业和发电领域代煤也有潜力，特别工业“煤改气”的需求已经显现。

我国大约有20%左右的煤炭用于无任何环保治理措施的农村取暖和部分中小型燃煤设施，也就是通常所说的“散煤”。散煤在我国经济活动和人民生活中仍起着重要作用，仍在大量使用，我国每年消耗的煤炭约40亿吨，其中7亿～8亿吨是散煤。由于缺乏排放处理，散烧煤是我国能源利用中污染最严重的部分。1吨散煤的大气污染物排放量是1吨电煤的10～15倍①，而民用散烧煤对取暖季

① 别凡．“2+26”城市散煤替代取得阶段性成效［N］．中国能源报，2017-12-18.

京津冀地区的空气污染贡献率超过50%①。虽然散煤燃烧带来的污染最重，治理难度也最大，但进行清洁替代的环境效益也最高，为实现蓝天保卫战的目标，替代散煤是当前“煤改气”的重点方向。

而散煤利用中，又以冬季取暖使用量最为集中，也带来最为持续的污染。自2017年起，国家以京津冀及周边地区大气污染传输通道“2+26”城市为首批实施城市，开始推动清洁取暖，其中“煤改气”是主要的方式之一（如表5-1所示）。2017~2018年供暖季，全国“煤改气”用户超过430万户，为历年来最大规模。

表5-1 “2+26”城市范围

北京市	
天津市	
河北省（8个）	石家庄、唐山、保定、廊坊、沧州、衡水、邯郸、邢台
山东省（7个）	济南、淄博、聊城、德州、滨州、济宁、菏泽
河南省（7个）	郑州、新乡、鹤壁、安阳、焦作、濮阳、开封
山西省（4个）	太原、阳泉、长治、晋城

二、“煤改气”的政策现状

我国从21世纪初就已经开始开展“煤改气”工程，但推进速度较慢。2016年“煤改气”开始被作为改善空气质量的重要手段快速推进，特别是在京津冀及周边地区全面开展。到2017年，“大气十条”进入收官之年，环保监管力度不断加强，补贴力度加大，相关政策陆续出台，“煤改气”进一步加速。

当前从国家到地方均未有“煤改气”专项政策，而是在大气污染防治行动计划和清洁取暖规划中提出了“煤改气”的目标、行动和支持政策等。

① 吴跃伟．如何打赢蓝天保卫战？环保部专家详解：公转铁，治散煤［Z］．澎湃新闻，2018-07-05.

（一）国家政策

2016～2017年，京津冀地区划定“禁煤区”，并限时完成农村散煤清洁化替代。2016年7月，环境保护部联合北京市、天津市和河北省人民政府印发《京津冀大气污染防治强化措施（2016～2017年）》，提出在京津冀区域划定禁煤区和煤炭质量控制区。将京昆高速以东，荣乌高速以北，天津、保定、廊坊市与北京接壤的区县之间区域划定为禁煤区，除煤电、集中供热和原料用煤企业（包括洁净型煤加工企业用煤）外，2017年10月底前，完成燃料煤炭“清零”任务，严禁新建以石油焦为燃料的发电供热项目。同时要求京津冀的农村利用“电代煤”和“气代煤”等方式替代散煤使用。北京市到2017年10月底已实现平原地区基本“无煤化”，保定市城区所有城中村实现“气代煤”。

2017～2018年，“煤改气”由京津冀核心区向周边推广且力度加大。2017年3月，当时的环保部联合发展改革委、财政部、能源局，以及北京市、天津市、河北省、山西省、山东省、河南省人民政府印发《京津冀及周边地区2017年大气污染防治工作方案》，被认为是2016年《京津冀大气污染防治强化措施（2016～2017年）》的升级版，多项措施直指冬季大气污染控制。

8月，环保部再次联合其他部委以及六省市地方政府下发《京津冀2017～2018年秋冬季大气污染综合治理攻坚行动方案》，对北京、天津、河北、山西、山东、河南6省市煤改气和煤改电提出详细要求，要求6省市完成相关改造合计355万户，将改造任务分配落实到省。该方案提出加大经济政策支持力度，包括加大中央大气污染防治专项资金支持力度，重点向“2＋26”城市予以倾斜；中央财政加大北方地区冬季清洁取暖的支持力度。同时，提出全力做好电源气源供应保障。方案指出，2017年“2＋26”城市清洁取暖改造规模大、任务重，采暖季天然气需求将有较大规模增长，中央企业要从讲政治的高度，从关系北方地区广大群众温暖过冬、关系重污染天气能不能减少的角度出发，与各地认真做好衔接，切实保障采暖季电源气源稳定供应和价格稳定。相关地方各级人民政府要积极主动开拓气源，承担分级储气责任，加快城市储气设施建设进度；各地要建立健全燃气应急储备制度，协调行政区域内相关企业通过自建、合建、租赁储气设施或购买第三方储气服务、储气气量等方式，逐步具备年平均3天供气量的应急储气能力。实施“煤改气”的地方须具备相应的储气调峰能力。

2018年起，大气污染防治进入“源头治理”新阶段。6月，国务院发布《打赢蓝天保卫战三年行动计划》。关于“煤改气”，行动计划提出各地应因地制宜选择采取多样化清洁取暖方式，宜电则电、宜气则气、宜煤则煤、宜热则热，不局限于“煤改气”，减轻气源保障压力。为防止再出现“气荒”，强调抓好天然气产供储销体系建设，加大天然气供应量和管网互联互通建设。为确保取暖民生，明确新增天然气量优先用于城镇居民和大气污染严重地区的生活和冬季取暖散煤替代，重点支持京津冀及周边地区和汾渭平原，并强调“煤改气”坚持“以气定改”，确保老百姓用得上。同时，加大政策支持力度，扩大中央财政支持清洁取暖的试点范围，完善相关价格政策，确保老百姓用得起。

清洁取暖规划确立了“煤改气”目标和行动。2017年12月，国家发改委联合多部门发布《北方地区冬季清洁取暖规划（2017~2021）》，针对北方地区冬季大量使用散烧煤，大气污染物排放量大问题，要求推进清洁取暖，利用多种清洁取暖形式实现散煤替代。规划明确提出，将京津冀大气污染传输通道的“2+26”个重点城市作为全面推进清洁供暖的重点城市。虽然清洁取暖形式多样，但规划也提出在“2+26”重点城市形成天然气与电供暖等替代散烧煤的清洁取暖基本格局。具体目标是，到2019年，“2+26”重点城市城区清洁取暖率要达到90%以上，县城和城乡结合部达到70%以上，农村地区达到40%以上。到2021年，城市城区全部实现清洁取暖，35蒸吨以下燃煤锅炉全部拆除；县城和城乡结合部清洁取暖率达到80%以上，20蒸吨以下燃煤锅炉全部拆除；农村地区清洁取暖率60%以上。

关于天然气供暖，提出按照“宜管则管、宜罐则罐”的原则，综合利用管道气、撬装液化天然气、压缩天然气、非常规天然气和煤层气等多种气源。规划目标是：“2+26”城市2017~2021年累计新增天然气供暖面积18亿平方米，新增用气230亿立方米。其中，燃气热电联产新建/改造规模1100万千瓦，新增用气75亿立方米；燃气锅炉新建/改造5万蒸吨，新增用气56亿立方米；“煤改气”壁挂炉用户增加1200万户，新增用气90亿立方米；天然气分布式能源增加120万千瓦，新增用气9亿立方米。新增清洁取暖“煤改气”需求主要集中在城镇地区，新增146亿立方米，占比63%；农村地区新增85亿立方米，占比37%。

（二）地方政策

“2+26”城市是“煤改气”的核心区域，涉及北京、天津、河北、山东、山西和河南六省市，均在国家统一部署之下出台了省一级的大气污染防治和清洁取暖相关政策，各地“煤改气”工作安排大致相似，但具体目标和举措也体现了各地的实际情况。

1. 北京：进入压减燃煤收官阶段

北京开展散煤替代时间最早，按照2018年9月发布的《北京市打赢蓝天保卫战三年行动计划》，到2020年将优质能源比重提高到95%，基本解决燃煤污染，这意味着北京已经进入压减燃煤的收官战。该行动计划提出，按照先平原、再山区逐步推进的原则，2018年完成平原地区450个村“煤改清洁能源”，同步开展农村住宅节能改造。提出要巩固“无煤化”治理成果，将已实现“无煤化”的地区划为高污染燃料禁燃区，依法取消散煤销售点；尚未改用清洁能源的村庄，全部使用优质煤。

2. 天津：清零散煤实际经营户

《天津市2018～2019年秋冬季大气污染综合治理攻坚行动方案》提出，统筹兼顾温暖过冬与清洁取暖，确保完成20.61万户农村居民散煤清洁能源替代。2018年12月底前，实现散煤实际经营户清零。2017年11月发布《天津市居民冬季清洁取暖工作方案》，实施居民煤改清洁能源取暖121.3万户，其中城市地区12.9万户，农村地区108.4万户。“煤改气”共计58.3万户，占总任务量的48.1%，其中，城市地区4.3万户，农村地区54万户。

3. 河北：农村清洁取暖成为主战场

2018年7月，河北省印发了《河北省2018年冬季清洁取暖工作方案》，提出把大气污染最为严重的部分通道城市城区燃煤锅炉治理和农村清洁取暖作为主战

场，实施聚焦突破。对于城区和农村分别设定改造计划。城区：新增集中供热能力0.64亿平方米，清洁取暖率达到98.8%。农村：统筹气源电源保障和基础设施支撑能力，拟定安排180.2万户，其中气代煤145.1万户。强调做好清洁取暖整体优化布局。对确实不具备实施电代煤等其他清洁取暖方式的，进行摸底排查、分类规划、认真准备，在确保气源落实、供气安全的前提下，稳妥推进气代煤。

4. 山东：实现全省天然气“镇镇通”

《山东省冬季清洁取暖规划（2018～2020年）》提出，实施气化山东工程，除偏远山区、海岛外，基本实现全省天然气“镇镇通”。新增天然气优先用于城镇居民和大气污染严重地区的生活和冬季取暖散煤替代，重点支持7个传输通道城市实现“增气减煤”。“煤改气”坚持“以气定改”，确保安全施工、安全使用、安全管理。有序发展天然气调峰电站等可中断用户，原则上不再新建天然气热电联产和天然气化工项目。

5. 河南：逐步提高清洁取暖率

《河南省污染防治攻坚战三年行动计划（2018～2020年）》要求，全省城区、县城和城乡结合部、农村地区清洁取暖率2018年分别达到50%、40%、15%，2019年分别提高到60%、50%、20%，2020年达到70%、60%、30%。其中京津冀大气污染传输通道城市城区、县城和城乡结合部、农村地区2018年清洁取暖率分别达到70%、50%、30%，2019年分别达到90%、70%、40%，2020年分别达到95%、75%、50%。同时，扩大天然气利用规模和提升供应保障能力。鼓励天然气下乡，灵活采取管道及CNG（压缩天然气）、LNG（液化天然气）供气站等多种方式供应。

6. 山西：继续加强“禁煤区”建设

《山西省大气污染防治2018年行动计划》要求全面统筹推进城市建成区、县城和城乡结合部、农村三类区域的清洁取暖工作。11个设区市城市建成区清洁取暖覆盖率100%；太原及周边区域县市建成区的清洁取暖率达到70%以上，其他县（市）建成区清洁取暖率达到50%以上，农村地区清洁取暖率力争达到30%以上。加强“禁煤区”建设。位于大气污染防治重点联防联控区域的县城在2018年底前要完成高污染燃料禁燃区划定工作。

表5-2 北方六省市的主要地方政策

地区	出台文件	主要内容
北京市	《北京市打赢蓝天保卫战三年行动计划》	到2020年将优质能源比重提高到95%，基本解决燃煤污染，意味着北京已经进入压减燃煤的收官战 按照先平原，再山区逐步推进的原则，2018年完成平原地区450个村“煤改清洁能源”，同步开展农村住宅节能改造 2019年，制定科学有效的山区“煤改清洁能源”技术路线，破解采暖期长、温差大等难题，有序推进山区村庄的“煤改清洁能源”工作
天津市	《天津市2018～2019年秋冬季大气污染综合治理攻坚行动方案》《天津市居民冬季清洁取暖工作方案》	确保完成20.61万户农村居民散煤清洁能源替代。将全面完成以电代煤、以气代煤的地区划入高污染燃料禁燃区范围。对未实施清洁取暖的，做好无烟型煤招标、生产、供应工作，确保无烟型煤替代全覆盖。2018年12月底前，实现散煤实际经营户清零 实施居民煤改清洁能源取暖121.3万户，其中城市地区12.9万户，农村地区108.4万户。“煤改气”共计58.3万户，占总任务量的48.1%，其中，城市地区4.3万户，农村地区54万户
河北省	《河北省2018年冬季清洁取暖工作方案》	把大气污染最为严重的部分通道城市城区燃煤锅炉治理和农村清洁取暖作为主战场。农村拟定安排清洁取暖改造180.2万户，其中气代煤145.1万户。在确保气源落实、供气安全的前提下，稳妥推进气代煤
山东省	《山东省打赢蓝天保卫战作战方案暨2013～2020年大气污染防治规划三期行动计划(2018～2020年)》《山东省冬季清洁取暖规划（2018～2020年)》	2020年采暖季前，在保障能源供应的前提下，7个传输通道城市平原地区基本完成生活和冬季取暖散煤替代，其他城市也要制定清洁取暖方案，因地制宜推进冬季清洁取暖；到2020年，全省17个市完成省清洁取暖规划确定的各项目标任务 实施气化山东工程，除偏远山区、海岛外，基本实现全省天然气“镇镇通”。新增天然气优先用于城镇居民和大气污染严重地区的生活和冬季取暖散煤替代，重点支持7个传输通道城市实现“增气减煤”
河南省	《河南省污染防治攻坚战三年行动计划(2018～2020年)》	全省城区、县城和城乡结合部、农村地区清洁取暖率2018年分别达到50%、40%、15%，2019年分别提高到60%、50%、20%，2020年达到70%、60%、30%。其中京津冀大气污染传输通道城市城区、县城和城乡结合部、农村地区2018年清洁取暖率分别达到70%、50%、30%，2019年分别达到90%、70%、40%，2020年分别达到95%、75%、50%鼓励天然气下乡，灵活采取管道及压缩天然气、液化天然气供气站等多种方式供应。到2020年底，天然气占全省能源消费总量的比重达到10%
山西省	《山西省大气污染防治2018年行动计划》	2018年10月底前，完成清洁取暖改造任务。11个设区市城市建成区清洁取暖覆盖率100%；太原及周边区域县市建成区清洁取暖率达到70%以上，其他县（市）建成区清洁取暖率达到50%以上，农村地区清洁取暖率力争达到30%以上 加强“禁煤区”建设。2018年9月底前，11个设区市均要将城市建成区划定为“禁煤区”。位于大气污染防治重点联防联控区域的县城2018年底前要完成高污染燃料禁燃区划定工作

（三）主要政策手段

从国家政策和各地政策来看，对于“煤改气”的主要支持政策是财政补贴，同时部分地方也给予了价格支持政策。

1. 财政补贴

2017 年 5 月，财政部、住建部、环保部等联合发布《关于开展中央财政支持北方地区冬季清洁取暖试点工作的通知》，提出以中央财政补贴的方式支持北方地区的清洁取暖改造。中央财政支持试点城市推进以清洁方式取暖替代散煤燃烧取暖，试点示范期为三年，中央财政奖补资金标准根据城市规模分档确定，直辖市每年安排 10 亿元，省会城市每年安排 7 亿元，地级城市每年安排 5 亿元。京津冀及周边地区大气污染传输通道“2 + 26”城市被纳入试点城市范围，财政补贴资金每年共达 158 亿元。各地方的“煤改气”补贴政策主要包括一次性采暖改造设施补贴和采暖用气补贴等，具体补贴方式、金额和资金来源等，各地区差异不大，以天津和河北两地为例，即可反映出地方政府的补贴力度。

天津市 2017 年 11 月发布的《天津市居民冬季清洁取暖工作方案》，对于“煤改气”的补贴政策是，户内取暖设施（燃气壁挂炉、散热器等）购置安装，按照实际费用，区级最高投入 6200 元/户，超出部分由居民承担。户外燃气配套设施建设，区级投入 2800 元/户，其余由供气企业承担，居民不承担。另外，对于集中供热的补贴是，中心城区、环城四区由市级财政投入 41 元/平方米，区级财政投入 69 元/平方米，居民不承担；其他地区，区级财政投入 110 元/平方米，居民不承担。清洁取暖工程建设资金的来源主要有四种渠道：一是各区以市场化方式筹措为主，由各区征收的供热工程建设费给予补助，不足部分各区可通过安排预算资金适当补助；二是供电供气企业负担；三是北方地区冬季清洁取暖试点城市中央奖补资金；四是市财政补贴资金，通过改燃并网专项资金和城建资金给予适当补助。

河北省对于气代煤的补贴是对户内燃气设备的购置安装进行投资，省级补贴每户最高不超过 1350 元；对建设村内入户管线的投资补助，由省级、市级分别承担1000元/户，其余由县级通过竞争性方式确定。根据河北省的初步估算，完成2018年180.2万户清洁取暖任务需要投资286.6亿元，其中气代煤217.7亿元，共需政府补助资金111.71亿元，其中省级52.32亿元、市县59.39亿元，省级资金通过中央下达的大气污染防治资金统筹解决。

2. 价格政策

2017年9月，为降低北方地区清洁取暖的成本，国家发改委发布《关于北方地区清洁供暖价格政策意见的通知》，提出对于天然气资源有保障，适宜“煤改气”的地区，采取综合措施降低清洁供暖用气成本，重点支持农村的“煤改气”。具体包括：在门站环节，实行政府指导价的陆上管道天然气供农村的“煤改气”采暖用气门站价格，按居民用气价格执行；供城镇的“煤改气”采暖用气门站价格，按现行价格政策执行。在终端销售环节，居民“煤改气”采暖用气销售价格，按居民用气价格执行。各地可对采暖用气单独制定阶梯价格制度。鼓励供热企业与上游供气企业直接签订购销合同，通过交易平台或协商确定购气价格。

天津市规定“煤改气”用户在采暖期不再执行阶梯气价，按城镇燃气居民用气价格执行，给予1.2元/立方米的气价补贴，每户最高补贴气量1000立方米；采用液化天然气、压缩天然气供气的，依据国际市场当期价格，经成本监审，超出城镇燃气居民用气价格的部分给予供气企业适当补贴。补贴期限暂定3年。补贴资金来源主要通过统筹使用中央转移支付和调剂现有相关专项资金来安排。

三、“煤改气”面临的问题和障碍

近年来，我国环境治理成效显著，特别是京津冀地区的空气质量大幅改善，“煤改气”的贡献很大，但当前推进“煤改气”也面临很大质疑，直接关系到我国“煤改气”工作能否持续推进。

（一）气源保障及国家能源安全

气源保障是“煤改气”推进的基础。2017 年冬季出现了“气荒”，部分地区不许百姓烧煤取暖，但又无“气”可供，导致百姓挨冻，引发社会不满。虽然此轮“气荒”最主要的原因是中亚气未按合同供气，相比合同计划供应量减少了 4000 万～5000 万立方米/日，使得新投运的陕京四线无法发挥作用，致供应出现短缺，但也暴露出“煤改气”脱离“以气定改”的问题，在气源未落实的情况下，过快推进。

1. 各地在未落实气源情况下，改造计划层层加码

据中国石油集团经济技术研究院发布的《2017 年国内外油气行业报告》，2017 年我国消费天然气量为 2352 亿立方米，比 2016 年净增超过 340 亿立方米，刷新了中国天然气消费增量的历史。其中，与“煤改气”相关的净增天然气消费量接近 200 亿立方米，比其他年份全部平均净增天然气消费量还要多，其中居民用户净增 70 亿立方米，工业燃煤小锅炉、工业燃煤小窑炉燃气改造净增天然气消费近 130 亿立方米，替代散煤 6000 万吨左右。

地方政策超规划改造加剧了供应紧张。2017 年 8 月，《京津冀 2017～2018 年秋冬季大气污染综合治理攻坚行动方案》发布，对北京、天津、河北、山西、山东、河南 6 省市煤改气和煤改电提出了详细要求，要求 6 省市完成相关改造合计 355 万户，将改造任务分配落实到省。中央政策大力推进煤改气，部分省份自加压力，改造目标远超计划。山西省在《山西省 2017～2018 年秋冬季大气污染综合治理攻坚行动方案》中下达的“煤改气”“煤改电”任务为合计完成 101.42 万户，远超中央《京津冀 2017～2018 年秋冬季大气污染综合治理攻坚行动方案》确定的 39 万户。河北省 2017 年共完成“煤改气”和“煤改电”验收通气通电户数 233.9 万户，与原计划的 180 万户相比，超额完成近 30%。

2. 对外依存度继续提高，对天然气供应安全和经济性带来挑战

我国天然气对外依存度已经超过 40%，如果煤改气快速推进，再加上原本的居民和非居民用户用气量的正常增长，未来气源保障面临着越来越大的挑战。

2017 年气荒的重要原因之一就是海外气源出现问题，中亚气没有按合同计划供气，直接导致供需缺口。我国国内天然气生产能力较为稳定，开采速度难有快速增长，而继续增加天然气进口，也会对能源安全带来不确定性，未来气源保障将成为中国外交的重要掣肘，也是不可忽视的问题。

3. 我国储气调峰设施是气源保障的短板

由于自身储气调峰能力不足，海外气源出现任何波动，我们便措手不及，毫无应对之法。原定于 2017 年 11 月投运的中石化天津 LNG 接收站无法按计划投产，减少日供应能力 2000 万～3000 万立方米/日，导致在海外管道气出现供应不足的情况下，海外相对充足的 LNG 由于我们自身接收站能力有限，进不来的尴尬局面出现。

根据国际天然气联盟（IGU）的研究，一国天然气对外依存度达到和超过 30%，地下储气库工作气量就需要超过消费量的 12%，对应急储气的能力也有要求。我国地下储气库工作气量仅为全国天然气消费量的 3%，远低于国际平均水平的 12%～15%；LNG 接收站罐容仅占全国消费量的 2.2%。华北地区天然气应急储备仅 1 亿立方米，不够该地区冬季 1/4 天的平均消费量。气荒充分暴露了我国储气能力不足的短板，具备一定的储气能力可以有效应对冬季的用气高峰和进口等不确定因素。

（二）补贴的可持续性

政府对于居民取暖和农村地区的煤改气给予财政补贴，这是目前煤改气得以推进的另一个重要前提。因供热方式不同，供热价格有较大差别。以北京市冬季采暖价格为例，热力集团大网供热、燃煤直供供热、燃煤间供供热和燃气的供热价格，分别为每平方米建筑 24 元、16.5 元、19 元和 30 元，比较可见，燃气供热价格是最高的。农村煤改气涉及燃气管道铺设、户内取暖设施改造与淘汰等，成本至少是散烧煤的 2～3 倍，如果没有财政补贴，仅取暖等生活成本的增加将使得“煤改气”无法推进。

各级财政都对以煤改气为主要方式的清洁取暖给予了很大支持。中央财政层面除了大气污染防治专项资金，仅支持北方地区清洁取暖改造的专门资金，如果按“2+26”城市均可获得来计算，每年就达158亿元，这些资金有很大比例是用于“煤改气”。地方财政的补贴额也很大。据估算，2017年北京市“煤改气”的投资大约为85亿元。河北省为了给煤改气提供更多的资金支持，2017年5月还调整了部分中央预算内投资补助，撤销霸州市河北前进钢铁集团有限公司余热暖进工程、石家庄市的同方节能（新乐）热力有限公司余热回收集中供热及管网改扩建、保定市的英利集团循环水系统节能优化技术改造三个项目，分别收回中央预算内资金450万元、680万元、412万元，合计1542万元。

“煤改气”特别是农村“煤改气”，需要前期投入大量改造资金，而使用天然气的取暖成本也是远高于烧煤的。目前来看，每年采暖季的1200立方米以内的气量是可以享受政府补贴的，补贴后的价格可能与烧煤相当，但补贴期仅为三年，三年之后用气的价格和政策都是不确定的，这是“煤改气”面临的最大质疑之一。另外，“煤改气”涉及管网的铺设、燃气设施的建设等，工程投资额很大，需要燃气企业垫付大量资金。根据中信建设证券对廊坊市“煤改气”政策的分析，认为“煤改气”的设备投资回收约为11年①。《廊坊市气代煤工程市场准入实施方案》中，“资金实力”是燃气公司招标准入的核心要素，其中最为关键的是，禁煤区以外农村地区的气代煤工程，由于省补贴政策尚未出台，要求经营主体原则上应该能够垫付三年资金。未来财政补贴是否会持续，如果持续，补贴标准是否会调整，将对“煤改气”工作产生直接影响。

（三）农村“煤改气”的技术可行性

我国大规模使用天然气是从20世纪80年代才开始的，而且主要是在城市，缺乏在农村地区供应燃气的经验，农村地区的供应条件和供应安全是目前农村煤改气面临最大的难题。

在工程安装方面，农村地区房屋相对分散，房屋结构各异，水电等基础设施建设也没有统一标准，这都对燃气管道铺设、燃气设施的规范化安装造成较大困

① 中信建设证券．“煤改气”加速推进，民用与工业端双受益［N］．2017－06－06.

难，存在管线设施与其他市政管线设施难以协调，户外管道难以做到防碰撞等问题。

在后期维护方面，农村煤改气后，也需要像城市燃气用户一样享有安全巡检、抢修抢险、设备更换、查表收费等服务，但燃气公司是否能配备足够的安全维护人员，提供如城市一样的服务，是未来农村用户面临的主要问题之一，而这些问题直接关系到农村用户的用气安全。

（四）作为清洁取暖选择的合理性

政策已经明确了清洁取暖不等于天然气取暖，不可“一刀切”，要求按照“宜煤则煤、宜气则气、宜电则电”的原则，因地制宜地推动相关工作，但在现实工作中，天然气取暖仍会是占比最大的清洁取暖方式，毕竟地热能、空气热能、太阳能、生物质能等可再生能源分布式、多能互补应用的新型取暖模式并不普及，仍处于试点示范阶段，而电取暖的成本则高于天然气取暖。

天然气取暖无论是在经济性还是安全性上一直存在很大争议。比如，农村土地规模化经营正在成为趋势，现阶段推进农村地区大面积的改造，是否与未来农村土地流转的趋势相匹配，是否会面临“先建后拆”的浪费。城市楼房两个相邻楼层之间的热量可以相互传导，但农村独立的平房容易散热，热量消耗会更大，选择天然气供热是否为最优选择，以及我国农村地区是否已经具备了大规模使用天然气的条件，都是悬而未决的问题。

四、科学推进“煤改气”的相关建议

我国“煤改气”的任务远没有完成。按照国家规划目前的7亿~8亿吨散烧煤到2020年要减少2亿吨，2017年只减少了0.6亿~0.7亿吨，未来几年替代任务十分艰巨，“煤改气”力度仍将持续。“煤改气”是一项系统工程，既影响国家能源转型和生态环境改善成效，又影响广大居民特别是农村居民安全有气、改善居住环境的民生工程，需坚持"以气定改"的原则，从规划、安全、气源等多方面统筹考虑，科学推动"煤改气"工作。

（一）规划：以科学合理速度推进"煤改气"

"煤改气"工作需要吸取之前"一刀切"改造的教训，虽然大气污染防治已经成为地方政绩考核的约束性指标，但能源转型不能一蹴而就，盲目大干快上非但不能解决眼前的污染问题，还会加重民生负担，带来不利的社会影响，也会影响我国能源转型的科学进程，造成不必要的社会资源浪费，长期看会影响蓝天保卫战和小康社会目标的顺利实现。尊重能源转型规律，基于天然气供应能力，天然气使用的经济性和安全性，以科学合理速度推进"煤改气"。

一是尽快制定"煤改气"规划。2017 年爆发的"气荒"与"煤改气"缺乏科学规划直接相关。规划与部门计划相比，具有法定约束力，"煤改气"作为一项长期工作，应坚持规划先行，通过提前进行合理规划，把握好"煤改气"的节奏，避免超量、提高改造，造成不必要的浪费，也降低政府各部门间由于此项工作带来的沟通协调成本。重点区域可根据污染治理目标、气源情况、财政状况等条件尽快制定区域"煤改气"实施目标和计划。从全国来看，工业和民用"煤改气"的需求不断增强，也应尽快制定全国性的"煤改气"规划，指导未来几年的"煤改气"工作。

二是更好地发挥部际协调机制的作用。"煤改气"工作涉及能源、环保、建设等多个部门，天然气供给能力和价格水平由能源主管部门掌握，大气污染治理由环保部门负责，如果部门之间缺乏有效协调，难免出现在落实污染治理目标和推进能源转型上各自为政。我国一直有跨部门、跨地区综合协调的机制，比如部际协调机制就是一种。当前制约"煤改气"最重要的因素是天然气的供应能力，因此，煤电油气运保障工作部际协调机制是与"煤改气"工作最直接相关的综合协调机制，这一机制由国家发改委牵头，共 25 家成员单位，包括生态环境部和住建部。一方面，可充分发挥这一机制的作用，在此机制下设立"煤改气"

协调小组，统筹做好重点区域和全国的“煤改气”工作；另一方面，“煤改气”作为我国能源转型的重要工作和打赢蓝天保卫战的重要手段，应充分重视其长远效应和意义，为科学合理地推进此项工作，可考虑单独建立协调机制。同时，继续推进部际会商、信息共享和预警机制，保证“煤改气”有序开展。

（二）安全：加强全过程安全监管

在大气污染治理的压力之下，前几年“煤改气”推进过快，很多建设工程手续和规程不完备，就先行开工，工程建设过程和后期的运营管理也存在不规范的问题，特别是天然气在农村地区的使用、流通，天然气设施在农村地区的运营、维护、更新改造上与现有的城市运营模式差异较大，目前安全性方面存在薄弱环节，当前我国只有《城市燃气管理条例》，农村地区的燃气使用尚存在政策空白，需要尽快出台专门针对农村地区的天然气使用相关政策，统一技术标准和安全规范，以保障农村天然气建设、运营和维护全过程的安全性。

同时，国家应加大对适宜使用天然气的农村地区的基础设施建设投资力度，提高天然气服务能力建设，构建城乡统筹的天然气供应体系，提高农村用能质量和水平，缩小城乡差别。农村“煤改气”管道建设应纳入天然气整体发展规划中，在农村“煤改气”管道建设投资上实施通盘考虑，消除农村“煤改气”市场的发展瓶颈，也需避免边建边拆导致的资源浪费。

（三）气源：多举措开拓气源，补上储气调峰短板

按照国家部署，未来“煤改气”的规模由国家发改委来统筹协调，进行总量平衡，各地区特别是重点改造地区根据自身实际，量力而行，确定改造户数，提前与上游供气企业签订合同，坚持“先合同，后改造”的原则。“以气定改”已经成为“煤改气”工作的基本原则，也固然是确保不再发生“气荒”的有效手段，但也应认识到“煤改气”的需求仍在不断释放，提高天然气供应能力才是避免发生“气荒”的关键。

一方面，积极开拓气源。扩大管道气和 LNG 的进口规模和相关基础设施建

设。“三桶油”作为主要进口商应提前做好充分的气源供给规划，鼓励民营企业、城市燃气企业、天然气发电企业等开辟新的海外供应市场，加快天然气产业上游市场开放和长输管道的开放，保证除“三桶油”之外的进口商既能买得到气，也能运得进来。同时，我国天然气资源较为丰富，应加大国内煤层气、页岩气、煤制天然气的开采潜力，特别是推动非常规天然气的开发。

另一方面，补上储气调峰短板。保障天然气稳定供应还需要具备一定的储气能力，以应对供应波动。加快布局和建设 LNG 接收站，对已纳入规划的应尽快建设，鼓励现有接收站在条件允许的情况下增建储罐。鼓励更多投资主体投资建设地下储气库，并推动建立储气调峰市场，地下储气库工作气量、LNG 应急调峰规模等可进入市场进行交易，获得合理收益。

（四）资金：构建可持续的补贴等激励政策

财政补贴是当前“煤改气”最主要的资金来源。自 2017 年起，中央财政资金对北方地区的冬季清洁取暖给予支持，奖补资金标准为直辖市每年 10 亿元，省会城市每年 7 亿元，地级城市每年 5 亿元，试行期为三年。清洁取暖的多种形式中“煤改气”占比很大，上述中央财政奖补资金也是目前“煤改气”工程建设和居民天然气取暖补贴的重要资金来源，大气污染防治专项资金中相当的比例用于“煤改气”，加上地方各级政府的配套资金，共同用于支持“煤改气”。三年试行期之后补贴是否会继续，以及地方政府有无财力持续支持“煤改气”是社会关注的重点，也直接关系到“煤改气”未来的可持续性。根据国家及重点区域的“煤改气”规划，以及“煤改气”是推动能源转型不可或缺的关键手段，建议：

一是在中央财政奖补政策试行三年后，应对其政策效果开展评估，再决定是否继续推进一段时期。考虑到“煤改气”对于大气污染防治将产生直接效应，属于源头治理，应加大大气污染防治专项资金对于“煤改气”的支持比例，为更好地发挥财政资金的效用，可加强对用户端安装费用、设备费用和取暖费用的补贴，这样既可以减轻居民用户负担，也可以激励城市燃气企业主动推进公共管网设施建设。二是专门研究出台关于低收入群体和农村用户的用气取暖补贴政策，实行政府兜底。三是鼓励地方政府、金融机构、城市燃气企业等创新合作机制和投融资模式，创新和灵活运用贷款、基金、债券等金融工具，加大对“煤改气”的融资支持。四是长期来看，应通过加快天然气行业市场化改革，推动成本降低，减轻用户负担，保障“煤改气”工作持续推进。

（执笔人：陈妍）

参考文献：

[1] 杨晶，符冠云，田智宇．供需两侧同时发力统筹推进清洁取暖[J]. 中国发展观察，2018（2）：57－60.

[2] 李俊峰．共同推动“煤改气”成为民心工程德政工程［N］．中国环境报，2017－12－19（3）.

[3] 刘应红．从价格承受能力看居民采暖“煤改气”——以北京市城乡为例[J]. 国际石油经济，2017，25（6）：45－50.

[4] 席菁华．京津冀“煤改气”痛点何解？[J]. 能源，2016（12）：58－59.

[5] 刘虹．“煤改气”工程且行且慎重——基于北京市“煤改气”工程的调研分析[J]. 宏观经济研究，2015（4）：9－13.

[6] 庞军，吴健，马中，梁龙妮，张婷婷．我国城市天然气替代燃煤集中供暖的大气污染减排效果[J]. 中国环境科学，2015，35（1）：55－61.

[7] 孟亚东，孙洪磊．京津冀地区“煤改气”发展探讨[J]. 国际石油经济，2014，22（11）：84－90，112.

专题报告五　构建多元化海外天然气供应体系

近年来，我国天然气消费需求大幅提升，在能源消费总量中的占比提高较快。按照天然气发展规划，未来天然气需求仍将保持较快增长。从供应能力看，我国自产气增速明显慢于消费需求增速。为满足国内消费，天然气进口规模增长较快，相应地对外依存度上升也较快，预计到2025年前后，对外依存度将接近50%。这对我国海外天然气供应体系提出了更高要求，既要拓宽进口渠道、多元化发展，又要通过多种方式加大海外天然气资源的开发力度，确保满足国内天然气需求。

一、我国海外天然气供应现状

（一）供应方式及结构

我国海外天然气供应方式主要包括直接进口和海外合作开发，其中，直接进口包括管道气和LNG进口。管道气供应以长协为主，供应稳定，成本相对较低。LNG进口更为灵活，同时受国际市场因素影响较多，现货价格波动较大。特别是2017年冬季供暖时期，为满足增量需求，保供民生用气，我国大量进口LNG现货，LNG到岸价格上涨明显，用气成本激增。

1. 我国天然气进口总体情况

如图6-1所示，从进口天然气规模来看，2010年以来，我国进口天然气总量持续增加，从2010年的163.6亿立方米增加到2017年的920.4亿立方米。从进口量增长率看，2011年以来增长率一路下滑，2015年增长率最低为2.27%，其后在2016年增长率回复到20%以上，2017年进口天然气增长率达到27.22%。2018年上半年，我国天然气进口总量为4208万吨，同比增长64.6%，较之2017年的涨幅26.9%翻了一倍多。2017年，我国天然气生产量为1492亿立方米，消费量达2404亿立方米，对外依存度为37.94%。

结合天然气发展情况看，2015年较低的进口增长率与国内天然气消费受到抑制有关，在2016年天然气消费恢复后，进口量也大幅上升。2017年，受"煤改气"等因素影响，北方出现"气荒"，进口气增量明显。事实上，部分工业企业受"气荒"影响，不得不保供居民，减少用气量，若工业企业按原水平使用天然气，进口气量将进一步增加。

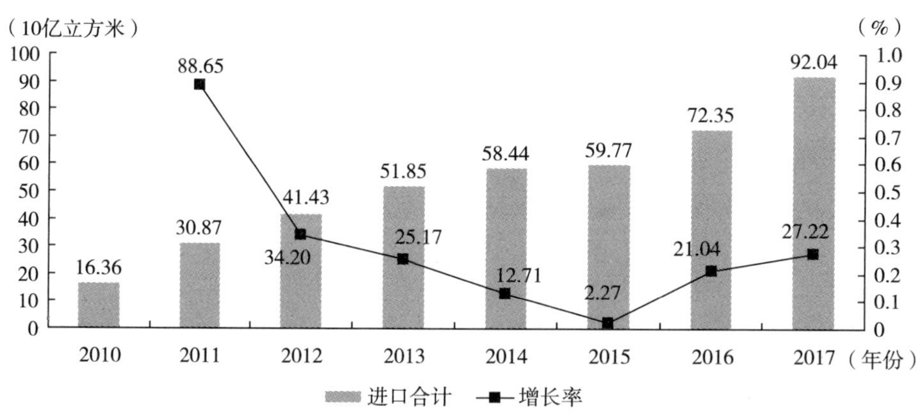

图6-1 2010~2017年我国天然气进口量

资料来源：根据BP公司数据计算而得。

从进口天然气的结构来看（见图6-2），2012年以前，我国液化天然气进口在总进口量中占比较大，到2012年管道天然气的进口量超过LNG，此后延续到

2016 年。2017 年，LNG 进口量重新超过管道天然气。2017 年，我国管道天然气进口 394. 1 亿立方米，占比为 42. 82%，LNG 进口 526. 3 亿立方米，占比为 57. 18%（见表 6 –1）。

表 6 –1　2010 ~2017 年我国进口天然气情况　单位：10 亿立方米

年份	进口合计	管道天然气	液化天然气
2010	16. 36	3. 56	12. 80
2011	30. 87	14. 25	16. 62
2012	41. 43	21. 44	19. 99
2013	51. 85	27. 36	24. 49
2014	58. 44	31. 30	27. 14
2015	59. 77	33. 57	26. 20
2016	72. 35	38. 05	34. 30
2017	92. 04	39. 41	52. 63

资料来源：BP 公司。

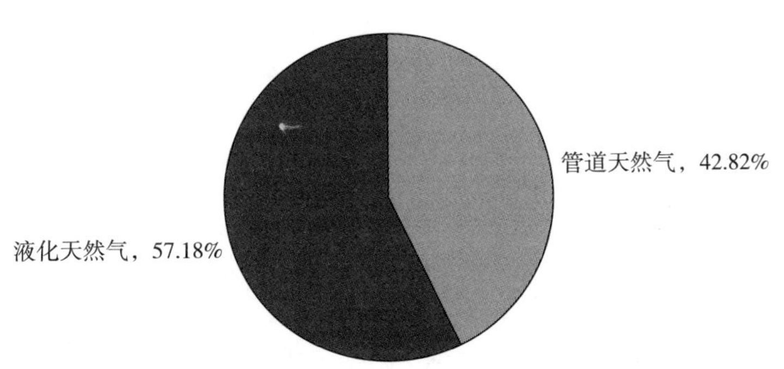

图 6 –2　2017 年我国进口天然气结构

资料来源：根据 BP 公司数据计算。

如图 6 –3 所示，可明显看出，我国进口天然气中管道天然气与 LNG 占比的变化情况。LNG 占比先下降后上升，呈“U”形。我国 LNG 进口逐渐多元，且国际 LNG 市场处于资源充足状态。特别是美国成为天然气净出口国后，将进一步增加国际天然气市场的供应。我国天然气消费需求潜力巨大，未来在 LNG 进口方面将会大幅增加。考虑到管道天然气在供应上受基础设施约束较强，而 LNG 供应更为灵活，未来我国将以管道气为长期供应的主导，同时在国际市场上大量采购 LNG 以满足消费需求。预计二者的比例关系可能保持各占一半的情形。

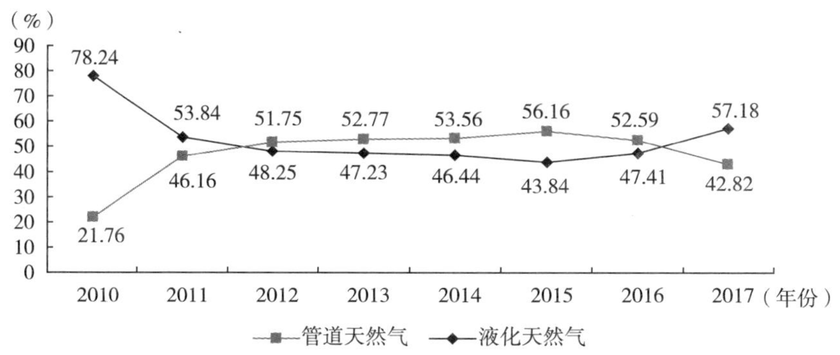

图 6－3　2010～2017 年我国进口天然气结构变化

资料来源：根据 BP 公司数据计算。

2. 我国天然气进口通道格局

目前，我国东北、西北、西南和东部海上的“东西南北”四个方向的“多元化”天然气进口通道雏形已成，其中西北通道、西南通道已经投入正常运营。

西北方向中亚天然气管道，由 A、B、C、D 四条管线构成。其中 A、B、C 三线已经建成投产，天然气输送能力达到 550 亿立方米/年；D 线已经开始动工建设，设计输送能力为 300 亿立方米/年，预计于 2022 年投产。中亚天然气管道理论上每年可以向中国供应天然气 850 亿立方米，高峰输送量预计出现在 2025 年前后。2017 年，通过 A、B、C 三条线供应到中国的实际量接近 400 亿立方米，中亚天然气管道自 2009 年 12 月投产以来，已累计向中国供应天然气超过 2100 亿立方米。

西南方向从我国云南入境的中缅天然气管道，气源来自孟加拉湾的海域天然气田。管道设计输送能力为 120 亿立方米/年，已于 2013 年投产运营。近两年的实际输送量维持在 45 亿立方米/年左右。

东北方向从俄罗斯进口的天然气通道，分为中俄天然气东线（俄罗斯东西伯

利亚至中国黑龙江）和中俄天然气西线（西西伯利亚地区至中国新疆）。东线管道已经开工建设，设计天然气输送量为380亿立方米/年，预计将于2019年10月投产；西线还处在项目建设的前期认证阶段，设计输送量为300亿立方米/年。

东部海上方向，主要是以LNG形式从卡塔尔、澳大利亚、印度尼西亚等全球天然气出口大国每年多批次进口LNG。未来，美国、俄罗斯和加拿大也会成为我国LNG的出口方。中石油与美国最大的天然气生产出口商切尼尔公司签订了一份为期20年的LNG贸易框架协议。俄罗斯北极亚马尔LNG一期550万吨/年已经投产。加拿大天然气及LNG生产出口设施尚在建设之中。初步统计，近几年我国将从以上国家每年进口2000万吨LNG（折合约280亿立方米）。

（二）直接进口情况

据海关统计，2018年第一季度，我国进口天然气2063.9万吨，比上年同期增加37.4%；价值524.5亿元人民币，增长57.5%；进口平均价格为每吨2541.2元，上涨14.6%。第一季度，我国天然气月度进口量同比增速均保持在30%以上，其中3月当月进口596.3万吨，同比增加了39.3%，环比减少了14%。与此同时，进口平均价格已连续16个月保持同比上涨，其中3月当月进口均价为每吨2477.9元，同比上涨13.5%。第一季度，以一般贸易的方式进口天然气2034.7万吨，增加37.7%，占同期我国天然气进口总量的98.6%。此外，以加工贸易的方式进口19.7万吨，增加了16.4%，占1%。第一季度，进口液化天然气1240.1万吨，增加了59.4%，占同期我国天然气进口总量的60.1%；进口平均价格为每吨2900.1元，上涨了14.6%。如图6-4所示。

1. 管道天然气

我国管道天然气主要从土库曼斯坦进口。在2011年以前，我国管道天然气进口全部依赖土库曼斯坦。2012年以后，管道天然气进口渠道逐渐多元化。近年来，我国加大与俄罗斯的合作力度，已签订多项天然气合作协议。特别是俄罗斯的亚马尔项目，主要由我国企业进行投资，且该项目生产能力较强，预计有1/4左右的产量供应我国，将对缓解我国天然气供需压力起到明显作用。

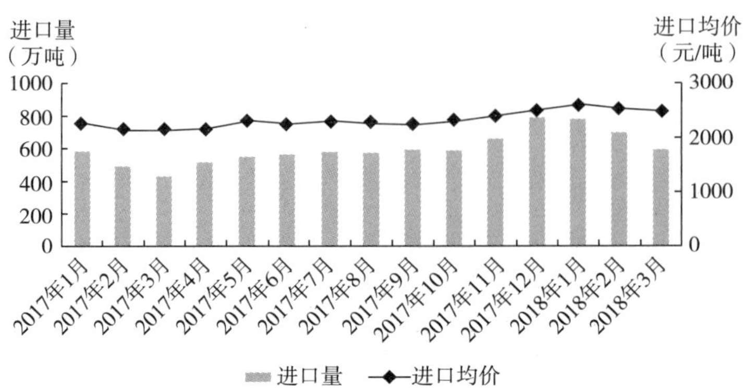

图 6－4　2017 年 1 月至 2018 年 3 月我国天然气月度进口量价

资料来源：海关总署。

如表 6－2 所示，我国多年来一直以土气为主，近年来才增加乌兹别克斯坦和缅甸作为管道气的重要进口国，从国别上来看较为单一。2017 年，我国天然气供需压力紧张之时，土气断供，造成较大麻烦。可见，管道天然气进口还应在来源多元化上多做文章。

表 6－2　2010～2017 年一些国家的进口管道天然气数量　　单位：万吨

年份	进口合计	土库曼斯坦	乌兹别克斯坦	缅甸	哈萨克斯坦
2010	259.41	259.41	0.00	0.00	0.00
2011	1036.65	1036.65	0.00	0.00	0.00
2012	1580.07	1568.98	11.09	0.00	0.00
2013	1980.71	1770.98	209.73	0.00	0.00
2014	2302.30	1874.34	178.73	220.09	29.14
2015	2468.41	2040.30	113.41	288.47	26.23
2016	2797.48	2163.48	316.49	286.07	31.44
2017	3043.17	2451.15	259.32	251.69	81.01

资料来源：国家海关总署。

从国别看，2017 年我国管道天然气有 80.55% 从土库曼斯坦进口。其次，由乌兹别克斯坦和缅甸进口，两国进口量占比分别为 8.52% 和 8.27%。此外，从哈萨克斯坦进口的管道天然气占 2.66%。如图 6－5 所示。

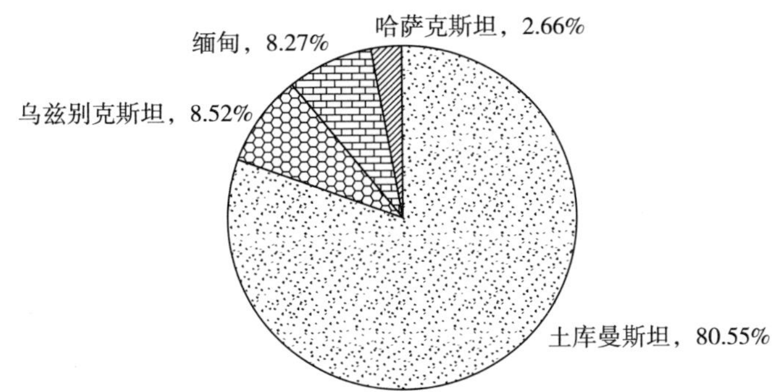

图6-5　2017年一些国家管道天然气进口结构

资料来源：根据国家海关总署数据计算。

根据海关总署数据，2018年第一季度，我国进口气态天然气823.8万吨，增加了13.8%，占同期我国天然气进口总量的39.9%。其中，自土库曼斯坦进口621.3万吨，减少3.8%，占同期我国气态天然气进口总量的75.4%；自缅甸进口92.1万吨，增加了30.8%，占11.2%；自哈萨克斯坦进口61.7万吨，增加了7.9倍，占7.5%。

从近年来进口管道天然气的国别结构看，土库曼斯坦进口气量的比例逐年下降，乌兹别克斯坦和缅甸气逐渐成为较好的进口气源，占比稳步提升如图6-6所示。

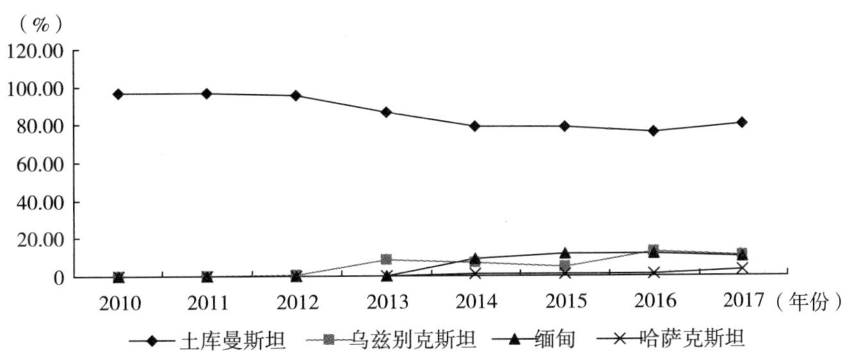

图6-6　2010~2017年管道天然气进口国占比变化

资料来源：根据国家海关总署数据计算。

2. 液化天然气

从LNG进口情况看，我国进口LNG从2009年的553.18万吨，增加到2017年的3813.41万吨。我国主要从澳大利亚、印度尼西亚、卡塔尔和马来西亚进口LNG，其中澳大利亚是我国主要的LNG进口国。

从进口国别占比情况看，从澳大利亚进口的LNG量占比一直较高，在2010年以后从澳大利亚进口的气量占比出现下滑，直至2016年再度成为最大进口国。其他国家中，从卡塔尔进口的LNG量占比逐年上升，由2009年的7.24%，上升到2013年的最高峰值37.54%，近几年有所下滑。从印度尼西亚和马来西亚进口的LNG量占比一直较为稳定。

表6－3　2009～2017年部分国家液化天然气进口数量　　单位：万吨

年份	进口合计	澳大利亚	印度尼西亚	卡塔尔	马来西亚
2009	553.18	350.24	53.81	40.04	65.57
2010	935.58	391.87	171.42	121.17	118.39
2011	1220.75	363.81	198.55	232.99	157.19
2012	1468.52	356.18	242.04	498.65	185.25
2013	1802.33	355.66	243.33	676.62	265.77
2014	1989.07	381.14	255.49	673.76	299.30
2015	1965.12	553.79	286.57	481.26	325.21
2016	2606.01	1197.68	278.95	496.91	258.74
2017	3813.41	1728.81	306.66	748.38	421.23

资料来源：国家海关总署。

2017年，我国LNG进口来源进一步多元化（见图6－7、图6－8），澳大利亚占比为45.33%，卡塔尔进口LNG比重稳定在19.63%，马来西亚占11.05%，印度尼西亚占比为8.04%。同时，受美国页岩革命的推动，美国对外出口天然气的规模逐渐增加。2017年，我国从美国进口的LNG占比为0.56%。2018年第一季度，我国从美国进口的天然气量同比增长1.7倍。但5～7月，我国从美国进口的天然气由40万吨降至13万吨。可见，中美贸易摩擦对天然气进口的贸易影响较大。

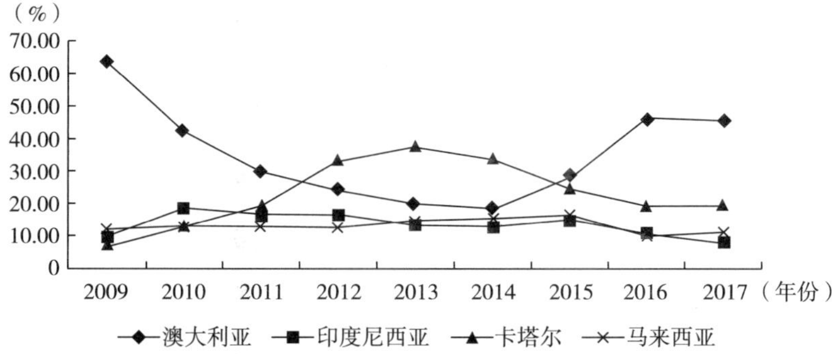

图 6－7　2009～2017 年液化天然气主要进口国占比变化

资料来源：根据国家海关总署计算。

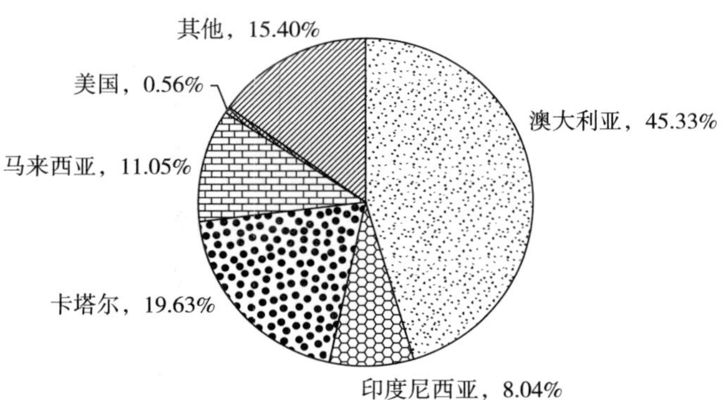

图 6－8　2017 年我国液化天然气进口国结构

资料来源：根据国家海关总署计算。

根据海关总署数据，2018 年第一季度，我国的天然气进口中，从澳大利亚进口 465 万吨，增加了 50.1%，占同期我国液化天然气进口总量的 37.5%；自卡塔尔进口 292 万吨，增加了 60.4%，占 23.5%；自东盟进口 193.4 万吨，增加了 11.6%，占 15.6%。此外，从美国进口 89.5 万吨，增加了 1.7 倍，占 7.2%。

从 LNG 接收站情况看，我国目前投运在役的接收站主要是由“三桶油”主导，中海油占比最多。2018 年开始，获批和在建的项目投资主体出现多元化，另有 26 个不同规划产能的接收站项目正处于听证阶段暂未获批，总产能超过

8300万吨，其中“三桶油”的接收站项目只有6个。预计今后民营的接收站将逐渐增加，并带动下游的运营主体多元化发展（如表6－4所示）。

表6－4　我国LNG接收站情况一览表

接收站	运营主体	产能（万吨/年）	运营状态
广东大鹏	中海油（35%）、BP（30%）、深圳燃气等	670	2006年投产，一期运行
澳门黄茅岛	中石化、澳门天然气	500	2006年投产
福建莆田	中海油（40%）、福建投资集团（40%）	630	2008年一期运行
上海洋山	中海油45%、申通55%	300	2009年投产
江苏如东	中石油55%、太平洋油气35%、江苏国信10%	650	2011年投产
辽宁大连	中石油75%、大连港20%、大连建投5%	600	2011年投产
广东东莞	广业投资46.33%、九丰能源42.58%、盈安实业10.98%	100	2012年投产
浙江宁波	中海油51%、浙能29%、宁波电力20%	600	2012年一期运行
广东珠海	中海油50%、广东粤电25%、广州燃气25%	350	2013年投运
天津浮式	中海油46%、天津港40%、天津燃气9%、恒融达5%	220	2013年投运
河北曹妃甸	中石油51%、北控29%、河北天然气20%	350	2013年投运
海南洋浦	中海油65%、海南发展35%	300	2014年投运
山东青岛	中石化等	300	2014年投产
广东粤东	中海油70%、广东粤电30%	200	2016年投产
上海五号沟	申能集团等	125	2017年投产
江苏启东	新疆广汇	1000	在建（2017年65万吨投运）
天津滨海	中石化等	300	2018年投运
深圳	深燃集团等	50	核准，2018年竣工
广东迭福	中海油70%、深圳能源30%	400	核准在建
福建漳州	中海油60%、福建投资集团40%	300	核准在建

续表

接收站	运营主体	产能（万吨/年）	运营状态
浙江舟山	新奥（舟山）	1000	核准在建（2018 年 300 万吨投产）
山东烟台	中海油等	250	核准在建
广西防城港	中海油	100	核准在建
江苏江阴	中天能源	200	核准在建
广东潮州	中天能源 50%、潮州华丰 50%	200	核准在建
江苏连云港	中石化	300	获批
广东粤西	中海油 75%、茂名港 25%	300	获批
江苏滨海	中海油	300	获批
福建福清	中石油	300	获批
广东潮州	华瀛	900	获批
山东蓬莱	宝塔石化	260	获批
江苏赣榆	华电集团	600	获批
山东烟台	南山集团	100	获批
山东日照	太平洋油气	200	获批

资料来源：国泰君安证券研究。

（三）海外合作开发

目前，我国石油企业海外投资继续取得长足进展，油气权益产量继续大幅增长。"一带一路"区域合作全面发展，中美油气合作取得突破性进展。三大石油公司稳健经营，民营企业大步扩张，多元投资主体格局正在形成。

2017 年，我国石油企业海外存续项目实现稳健经营，权益油气产量维持稳定。新项目权益产量支撑海外油气权益产量大幅增长。估计 2017 年海外油气权益产量达到 1.9 亿吨，较 2016 年增长了 8.9%，其中原油权益产量为 1.5 亿吨，天然气权益产量为 450 亿立方米。中国石油和华信能源成功收购阿布扎比石油公司陆上项目 12% 的权益，增加了近 1000 万吨权益产量；北京燃气收购俄罗斯上乔公司 20% 的权益，获得 200 万吨的权益产量。

2017 年，"一带一路"油气合作建立了定期交流机制。上游领域，中国企业获得伊朗、阿布扎比和哈萨克斯坦的勘探开发项目，以及俄罗斯上乔公司的股份；亚马尔 LNG 项目顺利投产。管道领域，中缅原油管道全面建成投产，中俄原油管道二线工程全线贯通。贸易方面，分别与俄罗斯、阿联酋和哈萨克斯坦签署了油气供应协议。中美油气合作取得了突破性进展。我国与美国签署了 5 个合作协议或意向，合作规模可达到 2000 亿美元，单个项目和总投资规模均创历史最大，还首次参与了美国 LNG 项目的建设。

2017 年 12 月，中俄能源合作重大项目——亚马尔液化天然气项目在俄罗斯境内的北极圈正式投产。亚马尔液化天然气项目是目前全球在北极地区开展的最大型的液化天然气工程，属世界特大型天然气“勘探开发、液化、运输、销售”一体化项目。中国企业承揽了全部模块建设的 85%，7 艘运输船的建造，15 艘 LNG 运输船中 14 艘船的运营等。2019 年，亚马尔项目将全部建成，每年可生产液化天然气 1650 万吨（即 250 亿立方米）、凝析油 100 万吨。根据中俄合同，该项目产量的 54% 出售到亚洲市场。LNG 每年供应中国 400 万吨以上。

民营企业的海外投资速增，多元主体投资格局基本形成。以华信能源为代表的民营企业和地方国企加速扩大海外投资。2017 年，民营企业继续积极参与海外并购，如果华信能源收购俄油股权的交易交割完成，则全年收购金额可达到 112 亿美元，是 2016 年的 2.5 倍。

（四）总体判断

从我国目前已投产和在建的几大天然气进口通道建设计划来看，我国天然气进口能力高峰将出现在 2025 ~ 2030 年，将达到 2000 亿立方米左右。按照目前国家能源局的规划，我国天然气消费总量将达到 4000 亿立方米左右，对外依存度将达到 50% 左右。

从供应情况看，国际天然气市场将在一段时间内处于“供过于求”状态。一方面，美国将成为我国天然气进口的重要来源。美国“页岩油气革命”使其由天然气进口大国转变为天然气净出口国。从在建产能看，美国 2020 年的 LNG 出口能力在 6800 万吨（约 940 亿立方米）左右，预计 2025 年美国出口能力在 1.95 亿吨（约 2696 亿立方米），2030 年为 2 亿吨（约 2765 亿立方米）。如此大的出口能力，预示着美国将进一步争取中国、印度等天然气消费大国。未来5~10年，我国天然气（含LNG）主要进口国将为土库曼斯坦、俄罗斯、卡塔尔、澳大利亚和美国。

另一方面，土库曼斯坦、俄罗斯等将继续为我国的重要进口源，但要警惕断供短缺风险。土库曼斯坦、俄罗斯、卡塔尔等重点依赖天然气出口创汇，存在“资源国家主义”和“资源民族主义”，地缘政治因素影响严重，如俄罗斯曾掐断通过乌克兰输往欧洲的天然气管道。上年土库曼斯坦短供，虽主要由主力气田因受资金缺乏而疏于修缮和“缓蚀剂”未及时到位影响外输等客观因素影响，但其断供风险仍需全面预防。

中国将成为全球最大天然气买家，如何确保海外进口天然气的稳定供应极为重要。需充分多元化，降低进口成本。同时，拓展进口渠道，将上游天然气田储量资源、中间运输管道、下游消费市场有效衔接。继续推动中国油气企业走出去，拓展资源掌控力和话语权。

二、我国海外天然气供应面临的挑战

（一）价格及市场因素

价格机制是全球天然气贸易过程中的关键问题。目前，我国进口管道气的价格一般是长期合同价格，通过价格公式确定，供需双方可以定期进行价格复议。进口LNG价格包含长期协议价格和短期现货价格两种。

对于LNG长协价格，目前有两种计价方式：美国出口LNG到其他地区的计价方式是“成本加成法”，包括美国亨利港（Henry Harbor）交易价、2.5~3.5美元/百万英热单位（MMBtu）的液化成本、2~2.5美元/MMBtu的船运成本；非北美地区出口LNG的长协价格是“油价挂钩法”，即“（12%-16%）×布伦特油价+常数”。LNG 现货价格主要由消费地的天然气交易所确定，不区分 LNG 来源地。比如，2017 年 11 月，世界各地的 LNG 气源到亚洲的现货价格都是一样的，JKM（Japan Korea Market Price）价格为 8.5 美元/MMBtu。

除采用“照付不议”长协贸易合同进口的天然气及 LNG 外，缺口将按照市场规则从国际市场上以较低价格采购来补充。从我国天然气进口趋势看，进口 LNG 的比例将逐步加大，通过现货贸易市场价购买的 LNG 将逐步加大，但通过长协价进口的天然气仍将居主导地位。

一方面，我国通过较高长协价进口的天然气需要在未来较长一段时间内逐步消化，因此带来我国天然气成本相对较高。另一方面，随着天然气消费量的大幅提升，我国需从国际现货市场进口大量 LNG，将不得不面临较为波动的市场价格和风险。我国国内尚未形成较有规模的天然气交易市场，对国际 LNG 定价权影响较小，往往处在被动接受价格的地位。

在国际贸易中，可能受到以下影响：一是受国际天然气需求影响。天然气短期供给弹性较小，影响天然气价格的最主要因素是天然气需求状况。2008 年以来各国均采取积极措施促进经济发展，特别是绿色环保产业发展迅速，能源绿色化、绿色能源化趋势明显，各国天然气需求大幅提升，使得国际天然气价持续上涨。二是受天然气出口国的限制。如 OPEC 控制着全球剩余天然气产能的绝大部分，IEA 则拥有大量的天然气储备，可在短时期内改变市场的供求格局。OPEC 的主要政策是限产保价和降价保产。IEA 的 26 个成员国共同控制着大量天然气库存以应付紧急情况。三是受国际资本市场资金流动影响。天然气期货市场的影响日益增强，已形成由期货市场向现货市场传导的价格形成机制。由于全球金融市场的投资机会缺乏，大量资金进入国际商品市场，尤其是天然气市场，因此可能推高气价。四是受汇率变动影响。天然气价格变动和美元与国际主要货币之间的汇率变动存在弱相关关系。

（二）地缘政治因素

陆上管道天然气是构成我国天然气进口的主要方面。管道气进口受国际地缘政治影响较大，包括天然气设施的恐怖袭击、天然气工人罢工、产天然气国政局动荡等地缘政治因素都会对国际天然气价带来冲击。同时，天然气进出口国之间的政治关系也会影响天然气的生产与运输。天然气资源能否顺利从出口地输送到进口国，不仅取决于出口国与进口国之间的稳定关系，也受过境国政局情况、有否战争，以及与进、出口国关系的影响。此外，相关国家与其他出口国的政治关系也会影响天然气资源的供应。

在“一带一路”倡议带动下，我国与俄罗斯、中东等主要天然气出产国建立了良好的合作平台，在未来可寻求更为广泛的合作，特别是在天然气方面。“一带一路”沿线国家在交通基础设施、工程技术、机械装备、电力等多领域有合作需求，可借此推动油气资源合作，从贸易领域逐渐向油气资源勘探、开发生产等核心领域发展，将中国与俄罗斯和中亚各国油气资源的合作维持在较高水平，确保能源供应的稳定性与持续性。

（三）基础设施建设因素

天然气资源的可获得性既受国际市场因素影响，与天然气出口价格、运输路径和成本等有关，还受天然气基础设施建设水平的影响。一是与天然气管道的建设水平有关。从我国情况看，我国天然气管道建设仍与天然气需求水平不相适应。我国天然气管道主要掌握在中石油和中石化手中，且两家管网的联通性并不理想，对 LNG 接收站的运输能力仍不足，使天然气供应能力受限。二是与天然气的储备能力有关。天然气消费需求具有一定的季节性，特别是对于我国而言，季节差异明显，上年的“气荒”也反映出我国储备设施严重缺乏，导致供需调节能力吃紧。天然气储备能力对平抑供需季节性差异具有重要意义。未来，随着我国不断加大储气库建设，天然气储备调峰能力将进一步提升，有利于缓解我国天然气的供需压力，也有利于缓解采购国际高价现货气的压力。三是与 LNG 接收站的建设情况有关。我国进口天然气越来越倚重 LNG，且 LNG 具有来源广泛、灵活的特征，也是弥补我国现货缺口的重要来源。从目前情况看，我国 LNG 接收站设施仍相对不足，进口能力受限。不过，近两年我国 LNG 接收站建设提速，且在建设主体上更为多元，地方能源投资公司和民营经济逐步参与到建设中，将有力提升我国 LNG 的接收能力。

（四）国际资源竞争因素

从国际天然气供给来看，将在较长时期内处于“供大于求”状态。LNG 市场产能过剩，买方话语权逐渐增强。根据国际能源署发布的 *Global Gas Security Review* 2016，截至 2016 年 10 月，全球有 15 个 LNG 项目在建，投产期限在 2016～2021 年，总生产能力约为 1500 亿立方米/年，相当于目前全球总贸易量的一半。目前在建的 LNG 装置中，美国新建的 LNG 装置最多，年产 748 亿立方米 LNG，占全球总量的 49.4%；其次是澳大利亚、俄罗斯和马来西亚，年产量分别为 363 亿立方米、225 亿立方米和 85 亿立方米。由于没有足够的天然气原料，以及技术和安全问题，闲置的 LNG 产能所占比例日益增长。2011～2016 年，无法使用的 LNG 出口能力已经增加至约 650 亿立方米，相当于马来西亚和印度尼西亚两国的出口能力总和。

俄罗斯对欧洲市场的管道天然气出口显著增长。此前俄罗斯对欧洲市场的历史最高供应量曾达到 1600 亿立方米，2016 年，俄对欧市场的天然气供给量首次超过 1700 亿立方米，其份额或将达到整个欧盟需求量的 33%，创下历史最高纪录。俄罗斯拥有大量产能过剩井口，在天然气储备量、单位成本、出口基础设施方面实力雄厚，并且大部分可通过管道输送到欧洲。同时，中俄实现天然气管道贯通，将使欧洲与俄罗斯成为我国天然气的两大主要消费地，在天然气的供应上将存在一定竞争。

从需求端看，主要进口国家将逐步调整进口结构，减少长期合约规模。日本 Jera 公司宣布将改变其 LNG 采购战略，计划到 2030 年将按照长期合约采购的天然气量减少至 42%。大阪燃气公司表示未来几年可能不签订新的长期合同，转向更加活跃的现货交易。同时，亚洲各国争相建立天然气交易中心，力求提升国际定价话语权。2016 年 1 月，新加坡交易所推出与亚洲交易的 LNG 现货价格指数挂钩的期货和掉期交易合约。2016 年 5 月，日本在 G7 能源部长会议上提出了

在日本创建 LNG 市场。我国也先后建立了上海、重庆等油气交易中心，力求争取与我国消费体量相适应的国际定价权。

三、构建多元化海外天然气供应体系的政策建议

（一）拓宽直接进口渠道

我国“多煤、少气、贫油”的能源结构注定了国内天然气产量存在缺口，需拓宽天然气进口渠道，推动供应多元化。

1. 切实推动中美天然气贸易

能源合作是中美贸易合作的重要方面，天然气贸易将成为中美能源合作的重要突破口。美国逐渐成为重要的天然气出口国，我国天然气消费需求将进一步提升，两国在天然气领域互补合作需求明显。据美国能源信息署预计，到 2020 年，美国将超越马来西亚成为世界第三大 LNG 出口国，仅次于澳大利亚和卡塔尔。2017 年，特朗普访华期间，中美两国签署了 5 个共计超过 1400 亿美元的天然气项目，总额占全部 34 个合作项目的一半以上。其中包括，中国国家能源投资公司与美国西弗吉尼亚州签署的《页岩气产业链开发示范项目框架协议》，协议金额达 837 亿美元；中国石化、中国银行、中国投资有限责任公司、美国阿拉斯加州政府及阿拉斯加州天然气开发公司（AGDC）签署的《阿拉斯加液化天然气项目联合开发协议》，协议金额达 430 亿美元；中国石油与美国切尼尔能源公司签署的《液化天然气长约购销备忘录》，协议金额达 110 亿美元；中国燃气集团和美国 Delfin 公司就进口 LNG 项目签署的合作备忘录，协议金额达 80 亿美元，每年从 Delfin 公司购买 300 万吨 LNG，为期 15 年；山东临淄中东石化公司与美国得克萨斯州天然气公司签署的 20 年 100 万吨的天然气购销协议。2018 年 2 月，中国石油与美国切尼尔能源公司正式签署长达 20 年的购销协议，切尼尔能源公

司每年将向中国石油提供120万吨LNG。

从出口能力上看，美国出口天然气处在起步阶段。美国能源信息署数据显示，美国液化天然气出口终端——路易斯安那州的Sabine Pass和马里兰州的Cove Point投运后，将使美国的出口能力增至1亿立方米/天。未来两年，美国将有四个LNG出口终端设施项目投入运行。其中包括美国佐治亚州的Elba Island LNG项目与路易斯安那州的Cameron LNG项目，以及得克萨斯州的Freeport LNG和Corpus Christi LNG项目。预计到2019年末，美国LNG出口能力将达到2.7亿立方米/天，约为2017年的3.2倍。

美国将逐步成为天然气主要出口国。虽然中美天然气贸易前景广阔，但未来仍将面临价格、资源供应和出口终端基础设施等因素制约，特别是中美贸易摩擦不断升级，将对天然气合作带来负面影响。根据IEA预测，到2023年，美国天然气除自用外，有相当一部分要出口，主要出口地区包括拉美地区、亚洲和欧洲，其中，亚洲以日本、韩国和中国为主。从中美双方看，均有合作的潜力和需求，长期看应进一步加大与美国的天然气合作力度，妥善处理贸易摩擦，寻求利益平衡点，扩大天然气合作领域，增加产业链合作紧密度，寻求互利共赢的合作机会。

2. 加大与俄罗斯天然气的合作力度

目前，我国与俄罗斯合作的天然气项目陆续启动。近期，亚马尔项目已交付首批重量为7.6万吨的LNG，若该项目三条生产线于2019年全部完工，则每年生产能力可达1650万吨LNG，其中400万吨以上会送到中国，约为2017年进口LNG的10.5%。此外，中国2014年与俄罗斯签署的东线天然气项目2018年已正式启动。该项目的合同期为30年，在项目成熟后，俄罗斯每年向中国输送380亿立方米天然气。与俄罗斯合作项目的逐渐落地，将极大缓解我国天然气的供应压力。这也对我国国内LNG接收站、天然气管网等基础设施提出更高要求。同时，也要考虑与俄罗斯合作可能存在的其他影响因素，包括过境管道国家与俄中关系因素、中俄两国贸易关系等。

（二）海外合作开发区块布局

一是进一步加大与缅甸、埃及等国的合作开发力度。近年来，缅甸不断加强

与国外公司合作开发陆地和近海及远海能源，在其 50 多个陆地石油区块中，缅甸石油天然气公司自主开发的有 8 个，与外国公司在 16 个区块进行合作。同时，埃及天然气公司部分天然气区块，分布在尼罗河三角洲的陆地区域和地中海海域，有合作开发机会。埃及石油公司页岩气开发位于西部沙漠地区，也在公开招标之列。可加强与缅甸、埃及等合作开发近海油气资源，以丰富我国天然气来源渠道。

二是进一步推动中国企业并购国外油气公司，间接持有油气资源。海外并购、股权投资等方式是我国企业“走出去”，获取海外油气资源的便利途径。需继续发挥中石油、中石化等大型央企作用，收购国外公司股权，间接获得非洲等区块的权益。这种市场化方式较易被接受，也有利于减小目标国政府干预的可能。同时，进一步推动民营油气企业与海外合作开发。

（三）加大 LNG 接收站等基础设施建设

一是加快推进天然气管网建设。与发达国家相比，我国天然气管网设施建设仍较为落后，管道运输能力相对较低。我国天然气干线管道长度仅为美国的 11.43%。2017 年我国天然气管道密度为 19.97 千米/亿立方米，低于世界平均 33.73 千米/亿立方米，仅为美国天然气管道密度的 35.14%。为此，应进一步加大天然气管网投资，推动管网独立，鼓励社会资本进入，并且推动第三方准入落地，提高社会资本参与的积极性，提升天然气管网输送能力。明晰天然气管网建设投资收益，最大限度允许民营经济参与管网建设，通过混合所有、多元控股等方式，推动成立管网投资建设主体，切实加大投资建设力度。

二是加强天然气储气设施建设。我国储气库等设施建设相对滞后。按照《关于促进天然气协调稳定发展的若干意见》要求，到 2020 年，我国城市燃气企业要形成不低于其年用量 5% 的储气能力。目前，国家发改委已下发文件，明确各地方、城市燃气企业建设储气设施的责任。在推进过程中，仍需要进一步明确建设原则，优化储气库规模和布局，考虑区域协同、储气库范围等因素，提高资源利用效率，提升储气库建设效益。要充分考虑城市燃气企业在储气库建设中的作用，激发企业积极性，运用商业化、市场化手段，推动储气库建设。

三是加大 LNG 接收站的建设力度。我国 LNG 接收站建设正在提速，且民营经济也逐步参与进来。未来应进一步放宽限制，鼓励社会资本投资 LNG 接收站，切实提升 LNG 的接收能力。同时，利用好已有接收站，促进接收站设施向第三方开放，提高利用效率，切实增加接收能力。

（四）建立稳定的天然气国际市场机制

我国是天然气消费大国，未来将成为全球天然气增量的主要贡献国。如此巨大的体量下，却没有与之相适应的定价权和话语权。从过去一年的 LNG 现货价走势可见一斑。亚洲 LNG 到岸价持续保持高位，与我国冬季保供直接相关。2018 年 LNG 价格持续高位，极大增加了我国天然气的使用成本。保障天然气供应安全、价格合理应是未来工作重点。因此，应进一步加强国内天然气市场建设，特别是油气交易中心建设，推动形成有序竞争、供需多元的油气市场体系，并加快形成与我国天然气消费能力相匹配的国际定价话语权。在上海国际能源交易中心原油期货产品的基础上，推动发布天然气期货产品。加强与新加坡原油交易所、香港国际石油交易所等地较为成熟平台的合作，推动与新加坡、俄罗斯等国合作开发区域天然气价格指数。同时，构建稳定的天然气贸易和投资合作机制。推动天然气贸易合作由双边向多边发展，构建区域天然气贸易合作机制，制定多边贸易和投资准则。依托“一带一路”倡议，构建与沿线国家供需对接、沟通政策、解决问题的平台，建立符合沿线国家实际情况，符合我国长远利益的贸易投资机制，稳定“一带一路”区域天然气市场。

（五）完善企业“走出去”机制

“一带一路”倡议加深了我国产业与沿线国家的合作。特别是在美国特朗普推行“美国优先”政策的影响下，各国经济发展不确定性因素增多，为“一带一路”倡议深入推进提供契机，需要把握时机，抓紧推进与有关资源供需国的合作。“一带一路”沿线国家多为欠发达国家，在基础设施、能源资源开发利用、

工程项目、加工产业等多领域有深度合作的需求。目前，“一带一路”倡议推进已建立起高峰论坛、双多边合作等平台和机制，具有良好基础。需依托“一带一路”倡议，针对沿线发展中国家能源资源需求，进一步广泛开展海外油气合作开发，加大产业链合作力度，加快布局合作项目建设，提升合作水平。加强与发达国家合作开发第三方市场，合作开发沿线国家天然气资源。同时，加强对“一带一路”沿线国家政策体系、法律制度、风俗习惯等的解读，编制项目投资操作手册，搭建政策咨询平台，为国内企业“走出去”提供法律和政策支持。

（执笔人：王成仁）

参考文献：

［1］中国国际经济交流中心课题组．加强能源国际合作研究［M］．北京：中国经济出版社，2018.

［2］张奇．中国的天然气战略：布局、改革与未来趋势[J]. 人民论坛·学术前沿，2016（22）：63－69.

［3］汪玲玲，赵媛．中国石油进口运输通道安全态势分析及对策研究[J]. 世界地理研究，2014，23（3）：33－43.

［4］夏丽洪．构建具有世界水平的全球化运营管理模式——访中国石油天然气股份有限公司副总裁、海外勘探开发公司总经理薄启亮[J]. 国际石油经济，2013，21（11）：3－8.

［5］何雨丹，陈军．我国引进海外天然气资源的风险分析与策略建议[J]. 内蒙古石油化工，2013，39（13）：72－74.

［6］薄启亮．中国石油企业“走出去”二十年——基于中国石油天然气集团公司海外投资业务视角[J]. 国际石油经济，2013，21（3）：1－5，108.

［7］宋秋银．我国引进海外天然气资源存在的问题及应对措施[J]. 天然气勘探与开发，2012，35（3）：77－80，87.

［8］于菲．贸易摩擦背景下进口美国液化天然气风险及对策[J]. 对外经贸

实务，2018（10）：41-44.

[9] 丁克永，徐铭辰，吕丹，张明超，戴兵，于晓荷，李越. 亚太天然气供需格局下的中国天然气安全形势及应对策略[J]. 中国矿业，2018，27（9）：7-10.

[10] 徐文敏. 国内液化天然气市场供需及2018年后期价格走势判断[J]. 中国物价，2018（9）：48-49.

[11] 冯海城. 中美LNG贸易的未来［J］. 能源，2018（9）：60-61.

[12] 梅冠群. 当前中美油气领域的博弈与合作[J]. 国际石油经济，2018，26（8）：9-17.

[13] 李宏勋，吴复旦. 我国进口天然气供应安全预警研究[J]. 中国石油大学学报（社会科学版），2018，34（4）：1-6.

[14] 童莉霞，丛思雨. 我国天然气须构建更多元进口格局[J]. 经济，2018（9）：86-88.

[15] 夏丽洪. 构建具有世界水平的全球化运营管理模式——访中国石油天然气股份有限公司副总裁、海外勘探开发公司总经理薄启亮[J]. 国际石油经济，2013，21（11）：3-8.

[16] 何雨丹，陈军. 我国引进海外天然气资源的风险分析与策略建议[J]. 内蒙古石油化工，2013，39（13）：72-74.

[17] 薄启亮. 中国石油企业“走出去”二十年——基于中国石油天然气集团公司海外投资业务视角[J]. 国际石油经济，2013，21（3）：1-5，108.

[18] 宋秋银. 我国引进海外天然气资源存在的问题及应对措施[J]. 天然气勘探与开发，2012，35（3）：77-80，87.

专题报告六　油气对外依存度问题研究

能源安全是国家经济发展和人民生活的重要保障。近些年来，我国石油、天然气进口量高速增长，价格波动频繁，引发了各界对我国能源对外依存度问题的关注。能源对外依存度的高低与能源安全本身问题并无必然联系，但在中美贸易战不断升温，国际能源价格不确定性加剧的背景下，应加强对能源安全问题的重视。我国处在经济增长和能源转型的关键时期，油气需求量增速迅猛，做大做强油气产业，增强供应和储备能力，才是保障油气供应安全的根本之策。

一、我国油气对外依存度上升难以避免

（一）我国油气对外依存度现状

油气对外依存度是指一个国家的原油和天然气资源净进口量在本国油气消费总量中的比重。作为衡量油气资源对外依赖程度的主要指标，油气对外依存度越高，意味着与世界的联系越紧密，油气资源供给安全越难以保障。我国油气资源进口量近年来逐年快速增加，以 2017 年为例，原油和天然气进口量和进口价格总体呈现量价齐涨的态势，其中以液化天然气的增速为最快，进口量同比增长 34.8%，进口价格增长 23.6%，如表 7 – 1 所示。

表 7－1　2017 年我国原油及天然气进口变化情况

2017 年	原油/万吨	天然气/亿立方米		
		管道天然气	液化天然气	合计
进口量	41957	414	519	933
同比增减	10.1%	22.7%	34.8%	26.9%
单位进口价格	52.97	1.4	1.92	1.69
同比增减	29.8%	－0.6%	23.6%	13.9%

资料来源：海关总署。

油气进口量的高速增长使得我国油气对外依存度也逐年上升。从表 7－2 可以看出，2008～2017 年，我国油气进口量保持了较高增速，但本国产量增长却相对滞后，原油自产量近几年甚至不升反降。在这一作用下，我国原油和天然气的对外依存度不断攀升，在 2017 年分别达到 68.4% 和 37.9%。

表 7－2　2008～2017 年我国原油及天然气对外依存度情况

年份	原油/万吨					天然气/亿立方米				
	本国产量	进口量	出口量	消费量	对外依存度	本国产量	进口量	出口量	消费量	对外依存度
2017	19151	41957	486	60622	68.4%	1474	933	35	2372	37.9%
2016	19964	38101	294	57771	65.4%	1356	735	33	2058	34.1%
2015	21508	33550	287	54771	60.7%	1333	616	33	1916	30.4%
2014	21141	30838	60	51919	59.3%	1298	591	26	1863	30.3%
2013	20902	28174	162	48914	57.3%	1198	534	28	1704	29.7%
2012	20684	27012	243	47453	56.4%	1097	421	29	1489	26.3%
2011	20287	25378	253	45412	55.3%	1033	312	32	1313	21.3%
2010	20131	23931	303	43759	54.0%	958	165	40	1083	11.5%
2009	18821	20379	517	38683	51.3%	851	76	32	895	4.9%
2008	18946	17888	424	36410	48.0%	775	46	28	793	2.3%

资料来源：国家统计局；海关总署；全国石油天然气资源勘查开采情况通报。

（二）油气依存度持续升高的原因

国内油气资源需求增速迅猛。近年来，我国经济从高速度转向高质量发展，能源消费也从高速转入中速发展。2000～2010 年，我国能源消费年均增速为 9%，2011～2017 年降至 3.2%。但从能源结构看，石油和天然气作为煤炭的主要替代能源，快速增长。特别是在一系列环境保护政策的带动下，天然气消费增速比石油更快，2017 年增长率超过了 15%。依照我国 2016 年印发的《能源发展“十三五”规划》，在 2020 年计划将煤炭在一次能源消费结构中的占比降到 58%，将天然气消费比重提高到 10% 左右。然而截至 2016 年，我国天然气在一次能源消费结构中的占比仅为 6.7%，距离 2020 年达到 10% 的目标还有不小的差距。可以预见，在经济高质量发展和环保政策的双重作用下，我国天然气消费将保持快速增长态势。

国内油气资源产量短期内难有较大提升。在需求增长迅猛的同时，我国油气资源的勘探和开采进展相对迟缓。根据 BP 的 2017 年世界能源统计报告，我国 2016 年的石油消费占全球总量的 13.5%，但已探明石油存储量仅为全球的 1.5%，储采比仅为 17.5 年，远低于全球平均的 50.6 年。天然气消费占全球总量的 6%，已探明存储量仅为全球的 2.9%，储采比仅为 38.8 年，低于全球平均的 52.5 年。即便是已探明的油气资源，从勘探开发到运输加工销售一般也需要 5~10 年的周期。从当前情况来看，我国油气供应短期内难以有较大提升，在国内油气资源需求快速增长的情况下，油气对外依存度继续升高在所难免。

二、正确认识我国油气依存度高问题

（一）正确认识能源安全

国际能源署将能源安全定义为“以可承受价格不间断供应能源的能力”。能源安全度高的国家，从长期来看其在能源领域应有足够的投入以满足经济和环境可持续发展的能源需求，从短期来看应构筑完备的能源应急体系以应对突然的能源供给或需求波动。能源安全程度的评判具体可参照以下四个维度：

（1）全球能源市场的供应量和稳定性。全球能源分布的不平衡使得多数国家需要依赖进口满足本国能源需求。因此，全球能源市场供给是否充足对能源价格和供应量都至关重要。不仅如此，全球已探明的油气资源多数分布在波斯湾、里海等政治相对不稳定的地区，能源供给的稳定性极易受到地缘政治因素的影响。

（2）能源来源渠道的多元性、运输方式的多样性。广泛的能源进口来源无疑将有效分散能源进口的风险，进口运输方式也应采取如管道、海运、铁路等多种运输方式，以规避某一区域的不稳定威胁到本国能源的供给。

（3）能源储备及应急能力。当出现突发情况使得可获得能源出现短缺或严重价格波动时，国家是否有充足的应对时间将在很大程度上取决于本国能源储备能力。

（4）能源的使用安全性。主要是指降低能源使用过程中的污染物排放，提升能源使用效率。如果说能源供给充足是能源安全的基本的“量”的要求，那么能源的使用安全性就是标准更高的“质”的要求。

（二）我国油气对外依存度处于国际中游水平

虽然近年来我国油气对外依存度增长较快，但从国际上看仍处于中等水平。从图 7－1 可以看出，同样作为油气资源消费大国的德、法、日、韩等国对外依存度接近 100%。这些国家国内几乎不生产油气资源，但通过建立完备的油气市场体系，充分调动产业链各环节的市场竞争，仍然确保了供应充足和价格稳定。近年来经济发展同样较快的印度，石油和天然气的对外依存度也快速升高并已超过我国，分别达到 80% 和 50%，预计短时间内仍将继续上涨。目前印度也在采取积极推动上游油气资源的勘探和开发，开拓进口来源等多种方式来稳定能源供应。美国油气资源也曾高度依赖于进口，石油对外依存度曾超过六成，天然气也曾接近两成。但通过“页岩技术革命”油气资源产量猛增，现已逐步转型成为能源出口国。从各国情况看，高依存度下保证稳定能源的方式是多样的，而对外依存度和能源安全供给之间本身并无必然联系。此外从能源总体来看，当前我国能源结构仍然是以国产煤炭为主，占到我国一次能源消费比例的 60%，而石油消费仅占不到 20% 左右，天然气还不到 7%。综合测算后，我国实际能源的对外

依存度只有 20% 左右。即便出现较大规模的油气资源供应中断这一极端情况，在不考虑煤炭环境污染因素的情况下，我国完全有能力应对能源短缺问题。

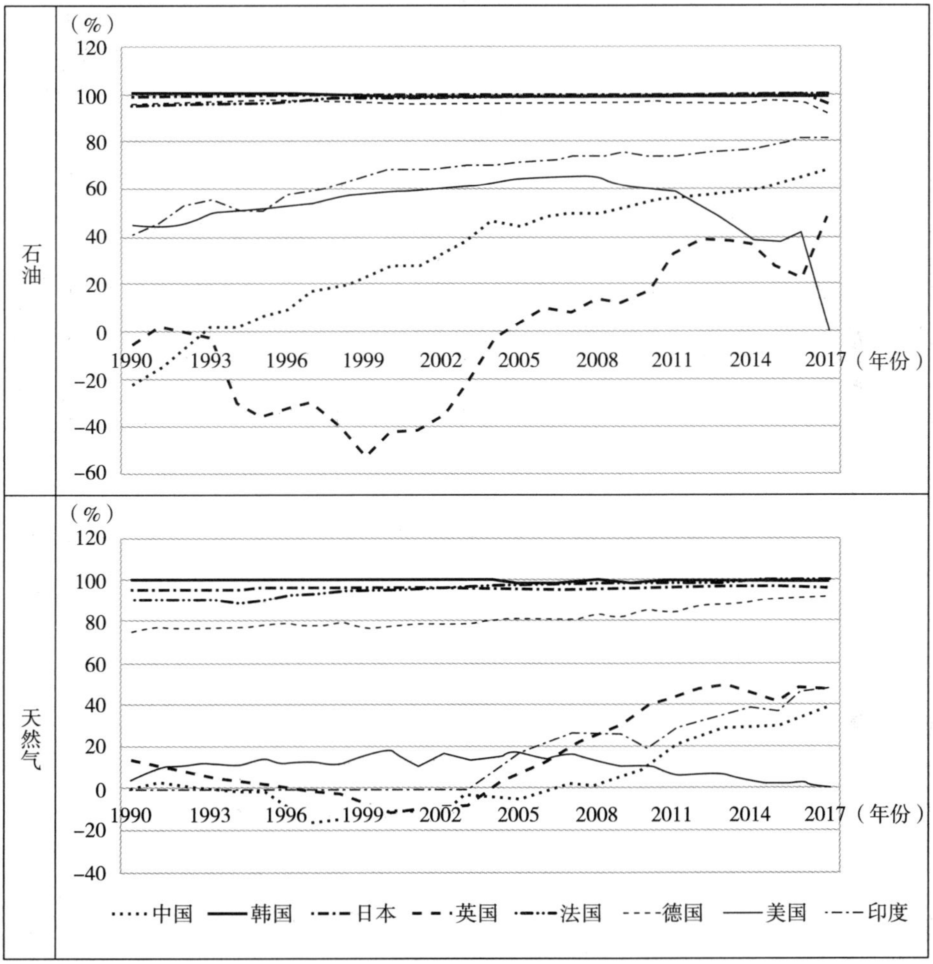

图 7－1　世界各国油气资源对外依存度情况

资料来源：BP 统计数据（2018）；IEA Head line Energy Data。

（三）我国油气通道安全仍亟待改善但不必过分担忧

我国油气产业经过一段时间的发展，能源安全建设已经取得了一定的成果，进口来源比较广泛，进口方式正在丰富。但由于我国油气对外依存度增速过快，为了稳定能源供给，能源安全问题仍亟待改善。

当前我国跨国油气管道还比较少，大约九成的石油和半数的天然气进口依赖海上航线运输，主要来自以下四条航线：①中东航线（约 20 天）：波斯湾—霍尔木兹海峡—马六甲海峡—台湾海峡—中国；②非洲航线（北非约 40 天，西非约 30 天）：北非—地中海—西非—直布罗陀海峡—好望角—马六甲海峡—台湾海峡—中国；③中南美航线（约 40 天）：中南美—好望角—印度洋—中国；④东南亚航线（约 8 天）：东南亚—马六甲海峡—台湾海峡—中国。可以看出，马六甲海峡仍是我国油气进口的核心路线。特别是原油进口，近年来虽然从中东和非洲的进口比例有所降低，但通过马六甲海峡的原油份额降幅不大，仍然达到大约 75%（见图 7－2）。

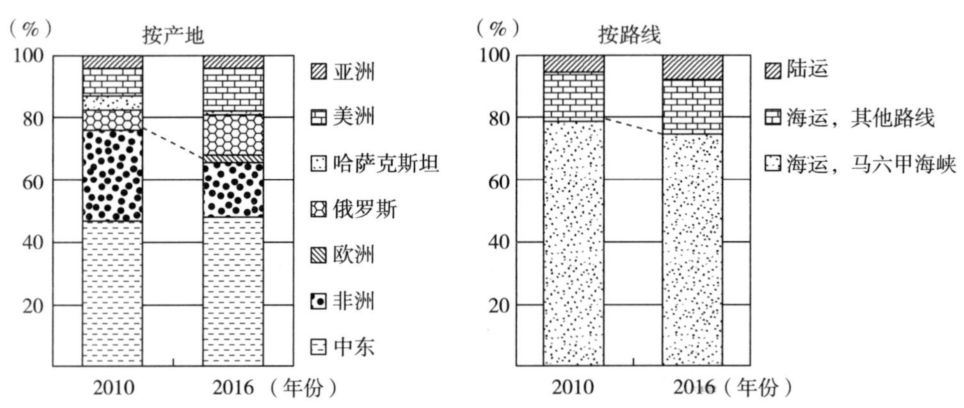

图 7－2　2010～2016 年中国原油进口原产地及路线变化

资料来源：世界能源展望中国特别报告（2017）。

不过，在认可马六甲海峡重要性的同时，也不应过度担忧对其的依赖。除我国以外，马六甲海峡也是日、韩等高油气对外依存度国家的主要进口航线。因此，为针对我国而实现对马六甲海峡的封锁并不容易。我国近年来还在采取能源来源和路线多元化的措施，以减少对马六甲海峡的依赖。2017 年中缅原油管道正式投入使用，日输油能力达到 44 万桶（2017 年我国日原油进口量为 840 万桶）。中东和非洲的原油通过中缅管道不仅可以避开马六甲海峡，而且显著缩短

了运输时间。除此之外，随着能源结构的变化，我国原油消费量已经逐渐接近峰值，未来原油对外依存度上升幅度应该不大。根据中国石油经济技术研究院发布的《2050 年世界与中国能源展望》预测，未来我国石油年消费量将于 2030 年达到峰值，由目前的 6 亿吨逐步上升至约 7 亿吨，然后缓慢下滑。我国目前原油进口渠道比较广泛，有能力应对短期供应中断。从表 7－3 可以看出，我国石油进口来源于中东、欧洲、南美、西非等不同区域，某一地区或国家的供应问题不会对我国石油供给造成特别大的影响。

表 7－3　我国石油进口来源

<table>
<tr><th>区域</th><th>国名</th><th>进口量（百万吨）</th><th>比例（%）</th></tr>
<tr><td rowspan="5">中东</td><td>伊拉克</td><td>36.9</td><td rowspan="5">43.6</td></tr>
<tr><td>科威特</td><td>18.2</td></tr>
<tr><td>沙特阿拉伯</td><td>52.2</td></tr>
<tr><td>阿联酋</td><td>10.2</td></tr>
<tr><td>其他中东国家</td><td>66.5</td></tr>
<tr><td rowspan="3">欧洲</td><td>欧盟</td><td>9.9</td><td rowspan="3">17.4</td></tr>
<tr><td>俄罗斯</td><td>59.8</td></tr>
<tr><td>其他独联体</td><td>3.8</td></tr>
<tr><td rowspan="3">北美</td><td>美国</td><td>7.7</td><td rowspan="3">2.3</td></tr>
<tr><td>加拿大</td><td>0.6</td></tr>
<tr><td>墨西哥</td><td>1.3</td></tr>
<tr><td>南美</td><td>—</td><td>57.2</td><td>13.5</td></tr>
<tr><td>北非</td><td>—</td><td>5.6</td><td>1.3</td></tr>
<tr><td>西非</td><td>—</td><td>72.3</td><td>17.1</td></tr>
<tr><td>东非</td><td>—</td><td>4.7</td><td>1.1</td></tr>
<tr><td>澳洲</td><td>—</td><td>2.1</td><td>0.5</td></tr>
<tr><td>其他亚洲国家</td><td>—</td><td>13.3</td><td>3.1</td></tr>
<tr><td>总计</td><td>—</td><td>422.3</td><td>100.0</td></tr>
</table>

资料来源：BP 统计数据（2017）。

（四）我国非常规油气资源发展潜力较大

我国技术上可采的非常规油气资源储量十分可观。如表7－4中IEA的数据估计，我国页岩油和天然气凝液储量占到技术可采石油资源储量总量的50%，且基本尚未得到开发。其中页岩油的开采潜力最大，据估计可开采量达到320亿桶，比美国和俄罗斯都要多。非常规天然气资源方面，我国页岩气开采潜力巨大。根据自然资源部发布的全国矿产资源储量数据，我国剩余技术可采页岩气储量于2018年4月已超过万亿立方米。2017年我国页岩气和煤层气产量仅约为90亿立方米和70亿立方米。按照《能源发展"十三五"规划》的计划，到2020年我国常规天然气年产量预计达到1700亿立方米，页岩气产量300亿立方米，煤层气160亿立方米。

表7－4　截至2016年我国技术上可开采石油资源　单位：10亿桶，%

项目	技术可采资源量	累积产量	剩余可开采资源量	剩余技术可采资源量的百分比	探明储量
传统陆上	94.2	48.7	45.5	48	23.6
浅海	11.1	4.0	7.1	64	3.0
深海	0.3	0.1	0.3	85	0.0
页岩气	32.2	0.0	32.2	100	0.0
液态天然气	21.9	0.0	21.9	100	0.1
中国总量*	166.7	52.8	113.9	68	27.2

注：*包括超重油、沥青和干酪根油。数据包括原油、凝析油和天然气凝液。大多数液态天然气被认为与中国丰富的页岩气资源有关，这就是为什么其至今的产量可以忽略不计的原因。

资料来源：IEA世界能源展望（2017）。

此外，我国地热能源也有很大的发展潜力。2018年初，国家发展改革委等六部门近日印发了《关于加快浅层地热能开发利用促进北方采暖地区燃煤减量替代的通知》，支持和规范浅层地热能开发利用。根据《地热能开发利用"十三五"规划》，计划到2020年我国地热能年利用量为7000万吨标准煤，地热能供暖年利用量为4000万吨标准煤，特别是京津冀地区地热能年利用量要达到约2000万吨标准煤。我国目前非常规能源开发的关键挑战在于其技术复杂性和较

高的开发成本。加大相关技术的研发投入，推动实现我国的“页岩技术”革命，是未来缓解油气对外依存度问题的重要途径。

三、中美贸易战和国际原油市场动荡形势下需高度重视油气依存度高问题

（一）中美贸易战的影响

近期中美之间的贸易战再度升级，应引起我国能源安全方面的高度重视。中美之间在油气资源供需上本来有很好的互补性。特别是在天然气方面，美国开展页岩气革命以来已成为天然气储量和生产量的第一大国，增加对我国的天然气出口，不但有助于缓解其贸易逆差，更有助于稳定天然气价格以保障美国天然气生产企业的持续运营，符合其核心利益。对我国而言，为满足经济高质量发展需要进口大量的油气资源，2018 年我国已成为第一大天然气进口国。美国天然气价格还具有一定的价格优势，可以说进口美国天然气对于中美双方是共赢的。中美双方也意识到了这一点，在贸易战爆发前的 2017 年 11 月，美国总统特朗普访华期间中美双方共签署 2535 亿美元的经贸合约，其中与能源相关的内容高达 65%。从图 7－3 可以看出，近两年来我国来源于美国的油气资源进口量呈现出明显的上升趋势，特别是液化天然气，最高月进口量已达到 7 亿立方米。

但随后中美贸易战的升级打破了两国能源合作共赢的局面。2018 年 9 月 24 日美方宣布对我国的 2000 亿美元商品加征关税，税率为 10%，在 2019 年 1 月 1 日起上升至 25%，除此之外，美方还威胁说，若我国予以反击，则对剩余的大约 2670 亿美元的额外进口商品征收关税。为此，中国国务院关税税则委员会决定对约 600 亿美元商品加征 5%～25% 的关税，其中对进口美国液化天然气加征 25% 关税，这一关税也使得美国天然气失去了价格优势。可以预见，随着贸易战的升温，中美两国的油气合作将会呈现下降趋势。失去美国的油气进口渠道虽然

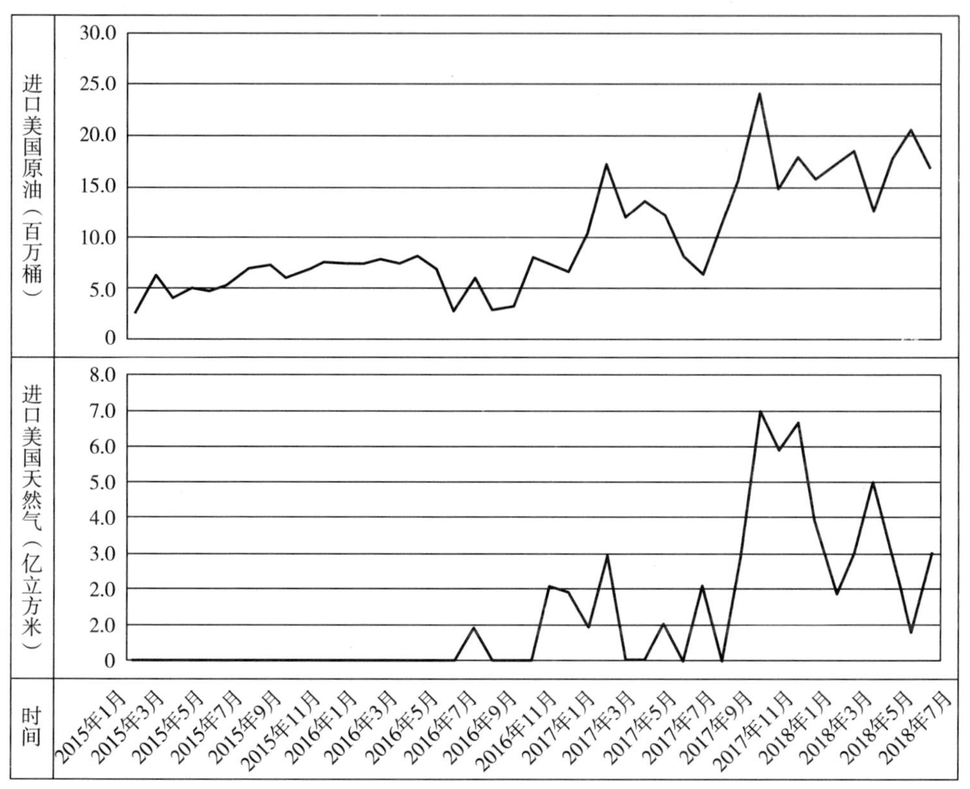

图7－3　2015～2018年中国每月进口美国油气量变化

资料来源：U. S. Energy Information Administration.

会影响进口渠道的多元性，但从进口量来讲，从美国进口的油气资源在我国油气消费中的占比不大，2017年美国进口天然气占我国消费的比例仅为1.3%。对我国的能源安全而言，更应重视的是中美贸易战的长期性和日益严峻性。我国当前的油气资源战略储备能力远远不足，高对外依存度下一旦由贸易战引发军事对峙，油气运输通道被美国控制，将对我国油气资源供给造成极大的冲击。

（二）国际原油市场波动的影响

国际原油市场价格的不确定性对我国能源价格安全构成威胁。受到OPEC限产和美国对伊朗的石油出口禁令等因素的影响，最近一段时间国际原油价格快速上扬。布伦特原油价格由 2018 年初的大约 65 美元/桶，在 10 月一度超过 85 美元/桶。虽然随着沙特记者卡舒吉事件的发酵，沙特为向美国示好，计划未来增加每日原油产量 100 万 ~200 万桶来稳定市场。但是，未来 OPEC 国家原油增产和伊朗原油出口禁令的执行力度和后续影响都尚未可知，原油价格的走向仍然存在极大的不确定性。根据我国海关总署的数据显示，2018 年 10 月我国日均进口原油 905 万桶。也就是说，国际原油桶油价格每上涨 1 美元，我国就要多支出 905 万美元，对我国外汇储备造成很大压力。国际油价的快速上涨对我国民用能也造成了一定影响。以北京地区为例，在国际油价持续上涨的影响下，北京 92 号汽油价格已从年初的 6.78 元/升到 10 月底的 7.99 元/升。面对对外依存度的持续升高，我国经济发展和民生用能受到外部环境变动的影响恐怕还会逐渐加大，能源安全问题应当引起重视。

四、美欧日等国应对油气对外依存度相关做法

（一）美国

技术进步带动本国油气产量的大幅度提升。美国自 2008 年以来能源对外依存度的降低，很大程度上来源于其长期对新能源技术开发的投入。在实现“页岩技术革命”以前，美国油气资源也曾高度依赖于进口，石油的对外依存度也曾超过 60%。但在经历了 20 世纪 70 年代石油危机的教训之后，美国为保障能源安全，实现能源独立颁布了一系列能源法案，鼓励新能源技术的开发。美国页岩油气资源开采难度较小，开采成本较低，油气行业上游市场化和开放程度也很高。在经济利益和政策支持的双重作用下，美国油气企业对页岩油气资源开发的投资和研发展现了极大的热情。全国一共有 8000 多家油气企业，其中包含 7000 多家的中小型油气企业，页岩技术的革命完全依靠市场推动。随着水平井和水力压裂

技术的逐渐成熟，页岩气产量从2008年开始迅猛增长，页岩气井数量增至4万余口，产量较2007年增长64%，达到近600亿立方米。随着页岩气产量的迅速增长，天然气价格跌入低谷，令许多上游企业转向开采使用相似技术的页岩油，进而推动了石油产量的爆发式增长。在实现了以页岩油气开发和玉米乙醇提炼为代表的一系列新能源技术突破后，美国能源自给率大幅度提升。根据美国能源信息署的预测，美国最早将于2022年实现成为能源净出口国的目标（如图7－4所示）。

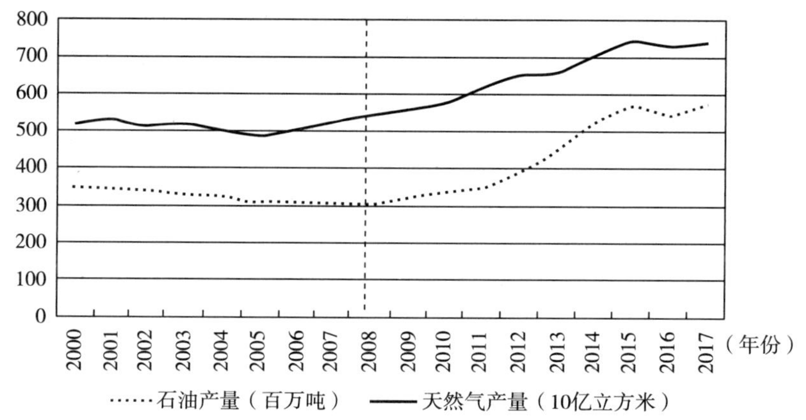

图7－4　2000～2017年美国石油和天然气资源产量变化

资料来源：BP世界能源统计报告（2018）。

（二）欧盟

成员国之间互助提高能源供应安全。作为仅次于中国和美国的油气消费地区，欧盟国家油气资源对外依存度总体保持着较高水平，德、法等国油气资源基本上完全依赖进口。2017年12月20日，法国还颁布了油气勘探和生产的禁令，不再更新现有许可证或颁布新许可证，2040年前停止法国领地内的石油生产。为了保障油气能源的安全性，欧盟积极推动建立了成员国一体化能源市场。对外，以欧盟为整体市场采取“一个声音”的谈判方式，增强竞争性和谈判力量。对内，成员国出现能源供应问题时可以依靠邻国，推动实现成员国之间能源自由

流动。此外在能源结构上，欧盟持续的低碳能源政策有力地支持了其他替代能源的发展。特别是生物质燃料，在许多成员国家扮演了重要的角色。计划到2030年，欧盟将可再生能源使用比例提高到32%，以逐步摆脱对进口油气的高依赖。

（三）日本

日本作为能源匮乏国家，一直以来油气资源基本依赖进口。在这种情况下，日本通过制定实施多方面的能源政策和法规制度，保障了能源安全供给。

1. 油气供应来源多元化

首先在进口渠道方面，日本自2003年以后逐渐摆脱了对海湾地区过高的油气依存度，逐步开拓在中东、俄罗斯、非洲以及中亚的油气合作，实现油气来源多渠道战略。从表7－5中可以看出，2017年的日本天然气进口来源分布和占比都比较分散，而我国相对而言显得比较集中。

表7－5　2017年中日两国天然气进口渠道对比　　单位:%

排名	日本进口来源	占比	中国进口来源	占比
1	澳大利亚	30.6	土库曼斯坦	34.4
2	马来西亚	17.7	澳大利亚	25.7
3	卡塔尔	12.1	卡塔尔	11.2
4	俄罗斯	8.7	马来西亚	6.3
5	印度尼西亚	7.8	印度尼西亚	4.6
6	阿联酋	5.6	乌兹别克斯坦	3.7
7	巴布亚新几内亚	5.1	缅甸	3.6
8	文莱	4.5	巴布亚新几内亚	3.3
9	阿曼	3.3	美国	2.3
10	尼日利亚	1.8	哈萨克斯坦	1.2

资料来源：BP世界能源统计报告（2018）。

2. 构筑油气储备制度

为确保能源稳定供给，增强国民经济抗风险能力，日本很早就通过立法建立了完善的国家能源储备。1975年日本就颁布了《石油储备法》，目前拥有10个国家石油战略储备基地和几十个民间储备基地，石油战略储备现居全球第一。日本也是至今唯一颁布《天然气储备法》的国家，明确天然气储备由国家和民间企业分别承担30天和50天的储备量。

3. 提高能源使用效率

日本还非常重视能源使用效率，关于能源合理利用的《节约能源法》也是日本能源核心法律之一。1979年日本就颁布了《节约能源法》，后经过多次修订，对工厂、建筑物、运输、机械器具等相关行业合理使用能源进行了详细的规定，有效提高了日本单位能耗的经济产出。对于不同类型的企业和产品，《节约能源法》对其耗能及每年能耗减少量都做了具体数额的规定，对未达标的企业或产品依法予以处罚。另外，对达标的企业依法施以配套的减税措施。

五、应对我国油气对外依存度升高的建议

为了稳定国家能源安全，保障能源长期稳定供给，缓解中美贸易战和能源价格波动带来的冲击，我国应从以下几个方面应对油气对外依存度升高问题。

（一）继续拓展进口来源

将某种能源在某一地区的依赖降到最低一直以来是提高能源安全的重要举措。当前我国石油的供应体系已经比较成熟，但天然气供应仍稍显不足，上游气源进口渠道与发达国家相比还不够分散。2017年我国从土库曼斯坦和澳大利亚两国的天然气进口量就占到总进口量的60%以上，与世界其他油气进口大国相比还比较集中。2017年冬季土库曼斯坦在一段时间内对我国减少天然气供应，加剧了我国供暖季节的用气紧张。我国应吸取教训，继续开拓天然气进口供应渠道，降低供应风险。

（二）严格落实油气储备政策

目前我国油气储备能力尚显不足。根据国家统计局公布的数据，2017年我

国石油战略储备达到3773万吨，仅占2017年石油消费量的6%左右。在天然气方面，当前我国储气库的调峰能力仅为80亿立方米，约占2017年天然气消费量的3%左右，远低于全球平均水平12%～15%。为此，2018年4月，发改委、能源局发布的《关于加快储气设施建设和完善储气调峰辅助服务市场机制的意见》中提出：到2020年，我国供气企业要拥有不低于其合同年销售量10%的储气能力，城镇燃气企业要形成不低于其年用气量5%的储气能力。战略储备欠缺使得我国油气调峰能力严重不足，在油气消费紧张时期不得不从国际市场购买高价油气。因此，认真落实油气储备的政策要求，不仅对于能源安全至关重要，同时也是国家经济利益的需要。

（三）完善能源效率的法律建设

目前我国能源使用效率水平还相对较低。能效的改进可以显著降低对能源进口的依赖，对于能源安全至关重要。能源强度值，即一次能源使用总量和国民生产总值的比值，通常被用来衡量一个国家的能源效率，数值越高表明能源效率越低。2015年我国能源强度为0.334，能源效率仍处于较低水平。能源强度比世界平均水平高出近1倍，比欧美发达国家更是高出2～3倍。为了提高能效，世界主要国家都出台了相关的法律法规，以减少能源浪费，刺激能效研发投入。一些国家的法规更是对企业和产品的能耗和减耗计划做了具体数额的要求，对能效达标的奖惩措施也十分明确，有效增强了国家的能源效率，而我国2016年新修订的《中华人民共和国节约能源法》中，对企业和产品的能耗和减耗要求还不够明确，对能效改进的推动有待加强。

（四）加快煤制油、煤制气等油气战略储备，减缓油气进口依赖

随着我国的能源结构转型，煤炭消费比重逐渐下降，煤制油、煤制气作为油气战略储备，可缓解我国油气资源紧张的局面。除此之外，相对于传统油气开发，煤制油气还具有一定的调峰能力，可根据市场需求灵活增减供应。现阶段我国煤制油气行业还处在起步阶段，建设和运营经验比较匮乏，相关技术尚不够完

善。面对较高的油气对外依存度，煤制油气技术和生产能力应作为我国重要的技术储备和能源战略保障。未来应在慎重考量地区发展能力和环境保护前提下，将煤制油、煤制气作为重要的储备能力发展。

（五）协同推进天然气价格和体制改革

能源安全问题从来都不容轻视，但也不应成为发展的障碍。当前我国经济发展过程中油气资源需求强烈，且国际油气资源供应充足，不应过分强调对外依存度问题。从很多国家的发展经验来看，能源对外依存度升高是经济快速发展过程中难以避免的现象。各国借油气应用发展的契机，推动产业链的市场化改革，完善体制建设，很好地解决了高对外依存度下的供应安全问题。就我国目前情况而言，天然气虽然对外依存度低于石油，但是其供给压力却更大。究其原因，我国天然气行业发展还不够成熟，市场化竞争尚不充分，价格机制也还未理顺。因此，目前当务之急是协同推进天然气价格和体制改革，把竞争性环节放给市场，鼓励更多社会主体参与天然气开采、进口，加快管道、接收站、储气等基础设施建设和公平开放，以增加竞争的方式来保障供应和价格稳定，才是解决天然气供应安全的根本之道。

（执笔人：刘梦）

参考文献：

［1］国际能源署 . 2017 世界能源展望中国特别篇［M］. 北京：石油工业出版社，2017.

［2］BP 世界能源统计报告 2018［R］. BP，2017.

专题报告七　以天然气产供储销体制改革深化价格改革

天然气价格改革目标是“管住中间，放开两头”，即放开气源和销售价格由市场形成，政府只对属于网络型自然垄断环节的管网输配价格进行监管。近年来价格改革取得重大进展，国家搭建上海、重庆两个国家级油气交易平台，实现居民和非居民门站价全部由市场主导形成，并加强自然垄断环节的价格监管，基本构建起覆盖全产业链的价格监管制度。但是，2017～2018 年供暖季的气荒中，交易中心竞价频创新高，上下游利益难以协调，气价被认为是矛盾的症结。其实，这表面上看似价格问题，但背后反映的却是深层次的产供储销体制问题。

一、近年来天然气价格改革取得重大进展

近年来，天然气价格围绕“管住中间，放开两头”的思路快速推进。在“放”的方面，放开直供气价、页岩气、煤层气、煤制气、化肥用气及储气等非居民门站价格，及时启动居民门站价格改革，推动居民和非居民用气价格机制和基准价格水平统一，实现门站价全部由市场主导形成，为优化资源配置、促进天然气产业发展发挥了积极作用。在“管”的方面，基本构建起天然气跨省长途运输、省内短途运输、城市配气等垄断环节全产业链价格监管制度框架，成为中

国天然气改革的里程碑，对促进管网公平开放和企业提质增效意义重大。

（一）“放开两头”重大进展：门站价全部由市场主导形成

天然气价格改革的最终目标是放开气源和销售价格，激发市场活力，提高资源配置效率。近年来，围绕改革目标，主管部门通过先易后难的推进方式，采取“先非居民后居民”“先试点后推广”“先增量后存量”“边理顺边放开”的实施步骤，蹄疾步稳推进改革。

试点先行，建立动态调整新机制。2011 年底，在广东、广西开展天然气价格形成机制改革试点。结合我国天然气行业生产、运输、销售一体化经营的实际情况，将天然气价格管理由出厂环节调整为门站环节，实行最高上限价格管理，并将定价方法由“成本加成”定价改为“市场净回值”定价，建立起天然气与燃料油、液化石油气等可替代能源价格挂钩的动态调整机制。

分步实施，全面理顺非居民用气价格。2013 年 6 月，在总结广东、广西试点经验的基础上，在全国范围内推广天然气价格形成新机制。同时，为减少改革阻力，区分存量气和增量气，增量气价格一步调整到与可替代能源价格保持合理比价的水平，存量气价格先后于当年、2014 年 9 月和 2015 年 4 月完成三次调整，实现价格并轨，全面理顺非居民用气价格。2015 年 11 月，根据可替代能源价格大幅下降的情况，将非居民用气门站价格每立方米降低 0.7 元。2017 年 8 月，结合管道运输价格降低和增值税率调整因素，再次将非居民用气门站价格每立方米降低 0.1 元。

有序放开，纵深推进市场化改革。2013 年放开页岩气、煤层气、煤制气等非常规天然气价格；2014 年 9 月放开液化天然气气源价格；2015 年 4 月放开除化肥企业外的直供用户用气价格；2016 年先后放开化肥用气价格，明确储气设施相关价格由市场决定，并在福建省开展门站价格市场化改革试点；2017 年明确所有进入交易平台公开交易的气量价格由市场交易形成。通过“小步快走”的渐进式改革，国内天然气价格的市场化程度显著提高。改革前，国内天然气价格基本由政府管理；改革后，占国内消费总量 80% 以上的非居民用气价格实现由市场主导形成，其中 50% 以上完全由市场形成，30% 左右实行“上浮 20%、下浮不限”的弹性机制。

迎难而上，启动居民气价改革。出于民生考虑，天然气价格改革一直侧重非居民，居民气价改革相对滞后，价格水平自 2010 年以来一直未做调整，价格倒挂、缺乏弹性以及执行争议不断的矛盾越来越突出。一直以来，占比约 15% 的居民用气门站价格由政府制定，并且与非居民存在 0.35 元的平均价差。这一价差形成套利空间，使得价格管理的难度与日俱增，也成为影响天然气保供保暖的制约因素。2017 年冬的“气荒”中，到底是上游“限供”居民气量，还是下游高价“转卖”居民气量，造成居民用气供应紧张，上下游始终各执一词。2018 年以来，社会各界对消除居民和非居民价格价差的呼声渐成共识。2018 年 5 月，赶在下一个供暖季到来之前，国家发展改革委印发《关于理顺居民用气门站价格的通知》，要求从 6 月 10 日起，统一居民、非居民用气价格机制和基准价格水平，迈出天然气价格市场化改革承前启后的关键一步。此次改革，亮点在于实现了居民和非居民门站价格的“两个衔接”：一是“价格机制衔接”，今后二者将统一适用基准门站价格管理，允许供需双方以基准门站价为基础，在上浮 20%、下浮不限的范围内协商确定具体门站价格，使得居民和非居民价格都由市场主导形成，完善了市场机制，并为气源和终端销售价格的完全放开创造条件；二是“价格水平衔接”，消除二者间价差，矫正价格信号失真，更好地优化资源配置，有效提升上下游企业保供保暖的积极性。同时，推行季节性差价政策，形成灵敏反映供求变化的季节性差价体系，促进削峰填谷，更好地保障用气供给。此次改革之后，包括居民和非居民在内的天然气门站价全部实现由市场主导形成，大大提升了天然气价格的市场化程度，下一步气价改革的重心将转移到下游城市燃气配气价格和终端销售价格上。

（二）“管住中间”基本确立：建立全产业链价格监管框架

天然气管道运输和配送具有自然垄断属性，是产业链不可或缺的重要环节，其价格应由政府严格监管。近年来，“管住中间”方面的举措如下：

改革管道运输定价机制，实现价格监管办法和成本监审办法全覆盖。针对我国天然气管道快速发展并连接成网的情况，原有“一线一价”的价格管理方式不能适应市场发展需要的实际情况，2016 年 10 月，印发《天然气管道运输价格管理办法（试行）》和《天然气管道运输定价成本监审办法（试行）》，建立起科学完善的管道运输价格监管制度。核心内容有：一是明晰定价方法。遵循“准许成本加合理收益”的原则，对价格监管的范畴、对象，价格管理的方法、程序，以及部分核心指标作出细致规定。二是从紧核定定价成本。要求管道运输业务单独核算，成本单独归集，明确了构成定价成本主要指标的核定标准。三是推行信息公开。要求企业主动公开成本信息，强化社会监督；定价部门公开成本监审结论和定价依据，提高价格监管的透明度。

强化配气价格监管，构建全产业链价格监管体系。我国天然气配送环节价格监管相对滞后，一些地方对“最后一公里”监管不到位，主要体现在配气价格尚未单独核定、各环节成本和价格没有清晰界定，监管规则不健全、价格管理制度化规范化程度不高，配气价格水平差异较大、少数地方价格偏高、企业负担重。针对这些情况，2017 年 6 月，《关于加强配气价格监管的指导意见》（简称《指导意见》）发布，继 2016 年建立起管道运输价格监管规则后，进一步建立起下游城镇燃气配送环节价格监管框架，从而构建起天然气输配领域的全环节价格监管体系。《指导意见》有三个亮点：一是建立成本约束机制。对直接影响配气价格的部分核心指标参数如供销差率、折旧年限、最低配送气量等规定了上限标准或作出限制性规定，促进企业加强成本管理，提高行业效率。二是建立激励机制。鼓励各地科学确定标杆成本，燃气企业应通过自身努力使实际成本低于标杆成本的部分，建立燃气企业与用户利益共享机制，激励企业提高经营效率，主动降低配气成本。三是推进企业信息公开。要求燃气企业主动公开价格、成本等相关信息，便于不同企业成本对标，强化社会监督。

输配价格监管政策落地，价格监管取得实质性成果。2017 年上半年，国家组织 12 个成本监审组对 13 家天然气长输管道运输企业按照统一方法、统一原则、统一标准进行了成本监审，剔除 13 家企业的无效资产 185 亿元，核减比例

为7%；核减不应计入定价的成本总额46亿元，核减比例为16%。在成本监审基础上，2017年8月，核定了长输管道运输价格，核定后的管道运输平均价格下降了15%左右，减轻下游用气企业负担100亿元左右。地方输配价格方面，陕西、江苏、浙江、河北、云南、江西等地纷纷按照国家要求，制定省内输配价格监管规则，并降低省内管道运输价格和配气价格，已累计减轻企业负担40亿元以上。政策效果逐步显现，不仅促进了管道运输企业降本增效，减轻了用气企业负担，促使产业链各环节收益更趋合理，更为重要的是，有效推动了管网公平开放，促进了天然气的市场化交易。长输管道运输价格核定后，两家管道运输企业第一时间主动宣布向第三方开放管道。

（三）搭建两个国家级油气交易中心：交易平台初步形成

天然气是全球重要的大宗商品，其价格话语权代表了一个国家的软实力，建立交易市场是推进市场化改革、提升国际影响力的重要手段和途径。近年来，主管部门积极推动天然气市场建设，成功在上海、重庆搭建了一东一西两个国家级市场化改革平台。鼓励储气设施对外销售气量、化肥用气、西气东输供福建省天然气等进入交易中心交易；在冬季保供方面，引导非居民用户通过市场化手段增加资源。此外，提出明确支持天然气交易中心有序建设和运营，鼓励天然气市场化交易；明确规定所有进入交易中心交易的天然气价格由市场形成。

上海石油天然气交易中心于2014年12月组建，2016年11月正式运行。2015年天然气单边交易量超过65亿立方米，2016年交易量突破150亿立方米，占全国天然气消费总量的比重达到8%左右。2017年的交易量接近260亿立方米，交易中心的会员数量突破1600家，跻身亚洲最大的天然气现货交易中心。2017年9月，开展了国内首次管道天然气竞价交易。2018年4月，推出天然气预售交易和液化天然气冬季窗口期第三方开放业务，备战今年可能的“气荒”，保障冬季市场供应。重庆石油天然气交易中心于2017年1月12日揭牌成立，2018年4月电子交易系统正式上线运行。

交易中心诞生于我国能源转型的关键时期，为价格改革、天然气消费及资源配置开辟了新空间，对促进供需见面、活跃交易、优化资源配置起到了积极作用。建设交易平台既是天然气价格市场化改革的重要成果，也是今后进一步深化改革的重要支撑，还是更好地参与国际能源合作的重要平台。上海、重庆两大交易中心各有侧重、适度竞争、互为支撑、协同发展，将共同促进国内能源市场化改革、加快融入国际市场，提高国际影响力。

（四）明确储气价格政策：弥补储气库价格缺失

投资回报渠道不畅、市场交易机制缺失是我国储气库商业化运营面临的主要障碍。一方面，定价体系中一直没有单独体现储气成本的价格科目，投资回收、成本补偿和效益考核机制不明晰；另一方面，在原有商业模式下，储气调峰难以作为一种服务性产品在市场上交易。2016 年 10 月，国家发改委印发《关于明确储气设施相关价格政策的通知》。明确储气服务价格由供需双方协商确定，储气服务价格由储气设施（不含城镇区域内燃气企业自建自用的储气设施）经营企业根据储气服务成本、市场供求情况等与委托企业协商确定；明确储气设施天然气购销价格由市场竞争形成，储气设施经营企业可基于成本，根据市场供求情况自主确定储气库天然气对外销售价格；鼓励城镇燃气企业投资建设储气设施，将投资和运行成本纳入城镇燃气配气成本统筹考虑，并给予合理收益。2015 年出台的《天然气管道运输价格管理办法（试行）》将储气库资产从管道运输企业的有效资产中剥离，为储气库独立运营创造了条件。而此次通知明确放开储气设施的天然气购销价格和储气服务价格，则进一步明晰了储气库的盈利模式。储气相关价格政策的明确，为补齐我国储气设施建设滞后、调峰能力不足“短板”创造了价格条件。

二、继续深化天然气价格改革面临产供储销体制瓶颈

近两年，天然气价格改革步伐较快，但体制改革明显滞后，很大程度上影响了价格改革效用的释放。

（一）天然气产业链未形成有效的竞争市场结构

三大油气企业从气源到管网、储运、分销，天然气上中游高度一体化，下游城市燃气竞争则相对充分，全国规模以上城市燃气企业有 1400 多家，产业链总体呈“少卖多买”的市场结构。

产供销一体化扭曲市场价格和供求关系，造成供给不足，引发气荒并伴随高价。2013 年国家对非居民门站价实行最高限价管理，2015 年开始实行“上浮 20%、下浮不限”的基准价管理，无论哪种机制，下游城市燃气企业接受的价格几乎都是上限价格，这大大制约了下游天然气市场的拓展。天然气“十二五”规划的消费目标没有完成，可以说，与高度垄断的市场结构和价格畸高直接相关。

产供销一体化导致天然气交易中心不能充分发挥价格发现功能。油气交易中心要发挥作用需满足三个体制条件。一是主体多元，多买多卖。只有充分竞争才有可能形成公道的价格。二是管道等储运基础设施必须公平开放。不少下游企业可以拿到国外低价气源，但由于不能自由准入其他企业的储运设施，导致气源供给不足，成为制约价改的最大瓶颈。三是竞争性环节价格放开，输配环节价格独立。这方面价格改革已提前布局，管输价格独立核算办法已经出台，只要基础设施实现第三方准入即可发挥作用。在气源高度集中，管道和 LNG 接收站等基础设施与上游供气业务捆绑，管道不开放的情形下，交易中心竞价必然是高价成交，只能发现交易量，不能发现真实的市场价格。

产供储销一体化制约价格改革。一体化经营体制模糊了自然垄断环节和竞争性环节的行业属性，使气源价格与输配气价难以区分，气源价格变动无法及时传导至终端，上下游价格联动只能靠行政指令“人工手动”，而不是市场化“自发联动”。

（二）上游矿权高度集中制约自产气和储气库供给不足

世界上大部分国家的油气矿权采用招标出让。我国常规天然气实行登记出让，三大油气企业以“申请在先”的方式无偿取得油气区块的探矿权，且大部分有利的区块已经被三大油气企业占有。矿权持有成本低，并且对大量矿区既不投入也不开采的行为缺乏制约机制，影响我国天然气资源的有效开发。国土部门近年来将页岩气设置为独立矿种，并尝试采用招标出让。但因大部分页岩气区块与三大油气企业占据的常规油气田重合，使这一探索进展并不顺利。现行矿权制度还影响到储气库的建设。发达国家地下储气库的储气量约占消费总量的17%～22%，目前我国仅为2.8%左右。枯竭油气藏是建设地下储气库的理想选择。国内枯竭的油气藏基本是由三大油气企业开采后形成的，由于既无强制退出机制，也无二级市场，除三大油气企业之外其他各类投资主体无法投资闲置的枯竭油气藏建设储气库。上游矿权的高度垄断导致生产不足，储备调峰能力弱，气源供应潜力没有得到充分释放，价格高位运行则成必然。

（三）中游基础设施不开放导致低效高价和储气库建设滞后

虽然我国已形成中俄、中亚、海上及中缅四大天然气进口通道，但主干管网和LNG接收站没有实现对第三方公平开放。主干管线为三大油气所拥有，且彼此间互不连通。全国投运LNG接收站中，三大油企接收能力占到总能力的90%以上。三大油企既是管网和LNG接收站、储气库的所有者、运营者，也是购气和售气的主体，垄断体制及盈利模式决定了三大油企没有动力对第三方进行代输和储运。一些下游企业可以从国际上买到低价气源，但因受制于基础设施不开放而无法将低价气源运上岸、送出去。已建和在建的民营LNG接收站难以接入长输管道，仅能以液态形式在周边范围内销售，造成基础设施利用低效和终端销售高价。国家在2015年就出台了长输管道价格独立和成本监审办法，为管输业务独立、管道基础设施公平开放奠定了计价基础。管道迟迟不能公平开放，也使管输价格不能发挥应有作用。

此外，管道和LNG接收站不开放也制约着储气库的建设。储气相关价格政策明确后，显著提高了社会资本投资建设储气库的积极性，但由于基础设施不开放，储气库不能正常开展购、储、销业务，致使投资方不敢投资，直接制约了储

气库的建设，也使储气价格政策陷入“无用武之地”的尴尬。

（四）输送环节过多抬高用气成本

天然气产业链从上游气田至终端用户涉及长输干支管道、省域管网、城市燃气管网等多个环节，而目前省网和城市配气环节过多、收费过高，不仅妨碍市场公平竞争，还提高了终端用户的用气成本。据测算，在国内主要城市工业用气价格构成中，输配费用占比超过 40%，某些城市甚至超过 50%，远高于发达国家水平。

总之，价格改革单兵突进不能形成市场价格，需体制改革协同配合。体制改革难度大、涉及面广、利益调整不易，但也不宜久拖不决，否则会将近几年来的“价改红利”消耗殆尽，严重制约产业发展。

三、相关国家和地区天然气价格改革借鉴

（一）美国

据美国能源信息署统计，2016 年美国天然气消费量为 28.6 万亿英热单位（约 8000 亿立方米），占一次能源消费总量的 29.6% 左右，仅次于石油（38.2%）。从天然气工业结构看，美国在各环节都有众多的市场参与者。在生产环节，目前有 14000 家天然气生产企业，530 家净化企业，作业气井 55.5 万口。其中，前 10 家企业产量占全美的 30% 左右，前 40 家企业产量占 50% 以上。在运输和储存环节，有天然气管道公司 230 家左右，管道总长约 50 万千米（含州内管道）；储气库运营商 120 多家，负责运营约 400 个地下储气库（其中管道公司占 55%、独立储气运营公司占 18%、地方配气公司占 26% 左右）。管道公司不得从事生产和销售业务，必须无歧视向生产商、燃气公司、大型用户及销售公司

等用户开放管道资源。在销售环节，有 1400 家左右地方配气公司（其中 950 家为市政公司），拥有 200 万千米配气管网。

1. 改革历程

美国是世界上最大天然气生产国、消费国，也是最早开展天然气市场化改革的国家。改革经历了从无管制到完全管制，到逐步放松管制的过程，目前已形成了较为完善的市场机制。其改革历程可以分为三个阶段：

（1）前自由化阶段。1938 年以前是美国天然气产业发展早期，价格完全不受管制。为防止天然气发展早期垄断企业滥用市场地位，美国从 1938 年起对天然气井口、管输和配气价格进行全面监管。严格的价格监管使得天然气价格长期过低，天然气公司无利可图，而需求空前高涨，导致了天然气严重短缺的局面。

（2）自由化阶段。1978 年后美国又逐步放松天然气井口价格管制，免除了长期合同照付不议义务，开放输气管道第三方准入，拆分天然气输送和销售的捆绑式服务，促进天然产业的市场化竞争。1992 年联邦能源监管委员会发布第 636 号法令，要求垄断供应商分拆输气、储气与销售服务，分拆上游和下游的储气业务，并要求管道和储气运营商对任何第三方实行公开义务接入（TPA）。第 636 号法令彻底改变了供气公司垄断购买、输气和售气的捆绑式服务局面，从而使各种气源都可以通过管道和储气库到达各城市的地方配气公司和燃气销售商。第 636 号法令也鼓励发展天然气市场交易中心，以集合不同管道，创造管道间市场，促进供应商之间的竞争。

（3）加强监管阶段。管道运营商独立后，联邦能源监管委员会加强了对输气、储气成本的监管，制定了透明的成本计算规则。通过不断调整和完善监管体制，美国联邦政府加强了对州际输气管网的监管，各州政府加强了州内输气管网和地方配气价格的监管，在保障市场充分竞争的前提下较好地维护了普通消费者的权益。

2. 价格机制

美国能源部主要负责核准天然气进出口项目；联邦能源管理委员会（FERC）主要负责核准天然气基础设施项目建设，制定跨州管道运输价格，并对基础设施公平开放进行监管；州公用事业监管委员负责核准州内基础设施项目投资，并监管地方配气公司的配气价格。分环节看，不同环节的价格管理方式也不尽相同。

（1）气源价格由市场竞争形成。美国天然气价格由企业根据市场需求自主协商确定，实践中大部分通过协议确定，10%～20%通过交易市场竞价形成。

（2）管道运输价格受FERC的严格监管。美国天然气管道运输价格按照"准许成本+合理收益"的原则制定。程序上，管道项目投产前，管道企业向FERC提交与定价相关的所有数据资料，FERC邀请利益相关方参与审核，并共同和管道企业谈判确定资本回报率，核定最高上限价格水平，并向社会公布。执行过程中，管道企业和使用方协商确定具体价格水平，只允许下浮不允许上浮，具体价格水平向社会公开，接受监管机构和社会监督。新建管道前三年执行临时价格，三年后核定正式价格。与中国不同，美国管道运输价格没有明确的校核调整周期，但企业每年要按照固定格式向FERC上报经营、成本情况，并向社会公开。特殊情况下，FERC和管道企业可以启动（申请）价格调整。

（3）配气价格由州公用事业监管委员会严格监管。配气价格制定方法与管道运输价格类似，都是基于服务成本定价，并按照"谁用气谁承担"的原则在不同用户之间进行成本分配。实际定价时，政府会结合承受能力等因素，在不同用户之间进行适度交叉补贴。配气价格形式一般为两部制：一部分为每月固定的月租费，另一部分则为气量气价，通常实行阶梯价格，非居民用气越多单价越便宜，居民用气各州不同，有的州为促进节约，用气越多单价越贵；有的州则主要反映供气成本，用气越多单价越便宜。

3. 交易市场

（1）交易市场发展情况。自1988年5月亨利天然气交易中心诞生后，美国天然气交易中心如雨后春笋般大量出现，但体量小、交易不活跃的交易中心逐步被淘汰，目前虽然仍有100多个交易中心（或枢纽），但较为活跃的只有20多个，其中亨利中心天然气价格是北美地区的天然气定价中心。

（2）主要功能和产品。天然气交易中心最基本的功能是发现价格，从而优化资源配置，提高市场效率。同时，美国亨利交易中心作为北美天然气定价中心，为欧洲乃至全球天然气交易提供了价格参照标杆，巩固了美国在能源领域的定价主导权。

美国天然气交易市场不仅提供买卖、登记、清算、交割等交易服务，也提供运输、停泊、存储、调峰等非交易服务，还提供信息资讯服务。目前，美国天然气交易市场已经形成了现货交易、长期合同、期货交易和场外交易等层次丰富的产品体系，特别是天然气期货等衍生产品，借助金融市场，进一步完善了现货市场的价格发现功能，衍生品交易量占市场交易总量的90%以上。

（3）交易中心发展的条件。从美国经验看，管道运输和销售业务分离，市场主体多元化带来充分的市场竞争，并推动建立市场化价格机制是建立天然气交易中心的前提；完善的管网储运设施是硬件基础，第三方公平准入是顺利实现交易交收的必要条件。从地理分布看，基础设施、资源分布、消费市场距离是决定交易中心分布的最关键要素，通常在产地、消费地或管道汇集地，交易中心的分布较为密集，如美国得克萨斯州就拥有七个交易中心。

（二）欧盟

市场化改革前，欧盟与我国资源条件和产业体制类似。20世纪90年代以来，欧盟借鉴英美天然气改革模式，历时十多年，通过三次能源改革，打破垄断，促进竞争，形成了一套较为成熟的天然气定价机制。在天然气90%依赖进口的条件下，欧盟较好地满足了经济发展对于天然气的需求，也使得终端用户能享受到经济可负担的天然气能源。

1. 改革历程

欧盟是全球最大的天然气进口方。改革前，大型天然气企业纵向一体化垄断经营，效率低下，各国之间市场分割严重，天然气供应经常处于紧张状态。20世纪90年代以后，欧盟学习英美经验，推行能源改革，其主要措施有：

（1）颁布统一法案推进改革，促进欧盟统一大市场的形成。在改革准备期，以1988年通过的“内部能源市场法案”和1994年要求开放勘探和开发领域的指令为标志，欧盟已经明确了“X+1+X”的产业链改革目标，即上游气源市场和

下游终端销售市场实行多家主体自由竞争，中游输配管网保持自然垄断，实施第三方气源的无歧视公平接入。

第一次能源改革以欧盟 1998 年发布指令要求建立欧洲天然气市场共同规则为标志，核心是推进天然气管网过境时的第三方准入，促进价格透明化。要求基础设施在能力有剩余的条件下，允许第三方协商使用，但当时的法、德两国对此表示强烈反对。

第二次能源改革以欧盟 2003 年发布第二个天然气指令和 2005 年发布 1775/2005 法令为标志，要求所有成员国都建立能源监管机构，对纵向一体化的垄断能源企业实行强制拆分，要求基础设施实行监管准入计费，计费标准根据投资/运行成本和适当收益率确定。

第三次能源改革以欧盟 2009 年发布的第三个天然气指令为标志，要求各国立法增强监管机构的独立性和监管权力，确定价格改革目标和时间表；建立独立系统运营商（ISO）和独立输送运营商（ITO），使天然气产业链实现网运分离；推行无歧视的第三方准入，开放管网投资和运营权。由此，欧盟终端天然气市场初步形成。例如，原来垂直一体化经营的法国天然气集团（GDF）经过改革后，形成以法燃为母公司，与输气公司（GRTgaz）、配气公司（GrDF）、储气公司（Storagy）、LNG 接收站（elengy）等独立法人的子公司共同组成的集团，2015 年集团更名为“Engie”。欧盟通过三次改革，实现了天然气管网的互联互通和欧盟统一大市场的形成，供应能力和安全水平显著提高，气价保持稳定，市场有序竞争，改革取得成功。

（2）改革的核心是打破垄断，促进竞争。改革前，欧洲天然气产业链结构高度纵向一体化，为打破垄断，欧盟各国采用了全面结构分拆或建立 ISO 的做法。前者要求自然垄断特征的管网运输公司和竞争性的天然气生产和销售公司在组织和会计上分立，后者允许垄断企业保留管网系统的所有权，但管网系统交由独立运营商管理。天然气产业链分拆遵循“财务独立—业务独立—组织独立”路径，最终形成各环节相互独立、彼此竞争合作的格局。结构分拆增加了用户选择权，提高了管道服务质量，推动了天然气定价机制市场化，改革后多个供应商、销售商与用户谈判博弈，天然气价格由市场决定，价格更趋合理。管网独立后，欧盟对管网设施的建设实施了各类资本的开放投资。例如，法国的天然气管网投资中，法国政府投资占比 36.7%，银行等金融机构占比 39.5%，私人投资占比 10.7%，员工持股、保险公司等其他投资占比约 14%。欧盟近几年能源基础设施互联互通进展很快，与其投资开放有很大关系。

（3）输配管网公平开放普遍服务。管网开放对于公平接入和天然气市场化改革至关重要。欧盟第三次改革的重点就是输送管网拆分、建立监管框架、提高管网准入。输配气公司必须对任何第三方实行公开义务接入（TPA），不能拒绝任何客户，也不能与母公司发生关联交易。

（4）建立统一、独立的监管机构。欧盟实行两级监管体制：各国监管机构和欧盟统一监管机构（ACER）。前者的责任是制定调整管输税率，批准投资计划和审计周期；对违反监管规则的企业进行处罚。ACER 的职责为制定欧盟天然气价格改革的框架和指导原则，推动跨国天然气市场体系建设，推进各国合作。

2. 市场格局和价格机制

通过改革，欧盟形成了系统科学的输配气定价规则。

（1）市场格局清晰，终端价格构成合理。改革后，欧盟上游气源市场和下游消费市场均实现了自由竞争，中游输气、配气、储气和 LNG 接收站等基础设施市场则受到严格监管，形成了“X + 1 + X”型市场结构和“放开两头，管住中间”的定价模式。在终端价格构成中，因欧盟天然气绝大部分来自于进口，故气源成本占去了近五成，配气成本高于输气成本。例如，在法国居民消费气价中，气源成本占 45%，输气成本占 6%，存储成本占 5%，配气成本占 19%，市场营销成本占 9%，其他（含税收等）占 16%。从价格水平看，大工业用户通常低于商业用户，民用气价格最高。法国、希腊、意大利居民天然气售价较工业都高出 50% 以上。

（2）根据“合理利润”原则制定天然气管输价格。在计算天然气输配成本时，除了规定运营支出和投资成本的具体细目，为鼓励管网建设，还设定了管输企业的合理资本回报率。根据各天然气企业报送的输配气量，就可以核算出骨干网和支线网的配气费用。

（3）灵活调整天然气输配价格。欧盟要求输配气价格每四年制定一次，根据运营支出、资本成本和输配气量核算。每两年微调一次，根据物价水平、天然气管网输配的技术经济效率、全社会收入均等原则进行调整。

（4）建立了科学系统的价格监管体系。欧盟和各国能源监管机构具体负责天然气价格改革，一是制定了明确的成本和价格核算方法；二是建立了统一的输配量计量规则，要求统一使用“输入/输出”方法；三是形成了科学的价格调整机制，综合通货膨胀、企业技术进步、鼓励管网投资等因素对价格进行定期调整；四是建立了全面透明的信息披露制度。

（三）日本

日本天然气资源基本全部来自进口，是全球第一大液化天然气进口国。2011年福岛地震以后，天然气作为核能的重要替代能源之一，消费量大幅上升，2016年日本天然气消费量约为1164亿立方米，占总体能源消费量的22%，居民、商业和工业用户用气量占比分别为25%、19%和56%。日本共有35个LNG接收站，并要求对第三方公平开放，主要进口商为东京电力、东京燃气等7家大型发电和燃气企业。燃气配送和销售业务由东京燃气、大阪燃气、东邦燃气等三家大型燃气企业和200家中小燃气企业开展。2016年，上述三家大型燃气企业拥有燃气管网占日本管网总长度的53%，燃气销售额占全国的70%以上。

针对天然气资源匮乏的特点，日本通过以下措施保障资源稳定供应：一是进口来源多元。气源主要来自澳大利亚（26.9%）、马来西亚（18.6%）、卡塔尔（14.5%）、俄罗斯（8.8%）和印度尼西亚（8%）等多个国家，有助于分散风险。二是进口主体多元。城市燃气公司、钢铁公司和电力公司等大型用户、综合贸易公司以及资源开发公司等均可直接从海外进口天然气。三是注重海外资源布局。主要燃气企业在海外均有上游资源投资，保障国内气源供应。此外，政府还采取税收优惠等多种措施鼓励个体和企业寻找廉价气源。

1. 改革历程

日本城市燃气市场化改革自1995年起步，旨在通过放松市场准入、放开政府价格管制，实现降低国内用户用气成本、保障天然气稳定供应的目的。目前，虽然日本燃气业务主要集中在部分大型燃气公司，但从总体上看，市场参与主体较多，燃气行业处于竞争性状态。日本天然气市场化改革采取渐进式方式，分六个阶段进行。

阶段一（1995 年 3 月开始）：允许合同量超过 200 万立方米/年的大型工业用户直接与供应商议价。放开定价的企业市场份额占当时天然气总消费量的 49%，这一举措促进了市场竞争，开启了政府放松价格管制的序幕。

阶段二（1999 年 11 月开始）：允许合同量超过 100 万立方米/年的大型商业用户直接与供应商议价。要求主要燃气企业的管网对第三方公平开放，配气价格以配气成本为基础计算。这一阶段改革惠及了更多企业，并通过第三方公平开放使得新增燃气企业有机会参与竞争。

阶段三（2004 年 4 月开始）：允许合同量超过 50 万立方米/年的中型工业和商业企业用户直接与供应商议价。对第三方公平开放的范围扩大至所有燃气企业。

阶段四（2007 年 4 月开始）：允许合同量超过 10 万立方米/年的用户直接与供应商议价，进一步扩大竞争，市场化定价气量达到当时天然气总消费量的 64%。

阶段五（2017 年 4 月开始）：城市燃气终端销售价格全面放开。通过改革，新增供应商可自由进入产业链的任意环节，所有用户都可以自由选择燃气供应商。此外，为加速批发和零售环节竞争，此阶段还对 LNG 接收站实行强制性的第三方公平开放机制，LNG 接收站运营方不得拒绝第三方企业的合规准入要求，使用费率须一视同仁，并实时公开库容等信息。

阶段六（计划 2022 年 4 月开始）：对东京、大阪、东邦三大燃气企业实施产业链剥离，即实施生产（LNG 接收站等）、输配（管网设施等）、销售（批发、零售等）三环节完全分离。

日本通过市场化改革，有效增进了天然气产业链各环节的竞争，促进了市场主体的多元化。终端销售价格全面放开后，当年就新增了 59 家燃气公司。市场

化改革使终端用户可以自行选择燃气公司，截至2018年4月，共有约90万用户更换了燃气供应商，部分区域更换比例达到50%。

2. 价格机制

日本燃气无论在市场化前政府定价还是市场化后企业自主定价，价格制定总体都遵循成本疏导、合理收益和公平负担三个基本原则。其中，成本疏导原则是在有效经营的前提下，价格反映企业供气总成本；合理收益原则是保障供气企业合理稳定的投资回报，同时防止企业获得过高收益；公平负担原则是对同类用户采取相同的定价原则。具体价格管理方式根据产业链各环节特点有所不同。

一是气源价格由市场竞争形成。日本发电企业和燃气企业既是主要用气企业，也是主要的LNG进口商。天然气进口通常签订了长期合同，价格由进口企业与国外供应商根据市场供求协商确定。

二是配气价格由政府监管。日本燃气市场化改革前，燃气配送和销售业务没有分离，政府对燃气销售价格进行监管；市场化改革后，则独立核定配气价格。配气价格按照“准许成本+合理收益”原则核定，通过成本监审和给定准许收益率，保证配气价格控制在合理水平内。2018年，日本政府定价的准许收益率为2.8%左右（高于日本长期贷款利率约2个百分点），若企业实际回报率超过政府规定的收益率，燃气企业必须自行降价，否则监管部门将实施强制性调价并要求退还相应收益。配气价格调整周期为三年，若企业需上调配气价格，则报经济产业省审批，并通过听证会评估后方可涨价，而降价时只需备案即可，不需要听证。不同用户的配气价格通过将总成本根据消费量、使用类型和高中低压负荷曲线等因素分摊计算确定，反映各类用户的真实供应成本，避免价格交叉补贴，体现价格公平。

三是通过上下游价格联动机制定期调整终端销售价格。日本天然气主要依靠进口，气源价格受汇率、国际市场LNG价格波动等因素影响较大。为降低企业经营风险，日本建立了销售价格与气源采购价格联动机制。终端销售价格根据前三个月采购价格变动情况每月调整一次，将气源价格变动及时传导至终端。其中，采购价格为海关公布的平均进口价格。

四是终端销售价格实行两部制价格。日本燃气终端销售价格采取两部制定价，由容量价格和从量价格组成。容量价格主要体现供气系统的固定成本；从量价格主要体现变动成本。容量价格随用气规模的增加而增加，从量价格随用气规模增加而降低。具体收费计算公式为：燃气费用 = 容量价格 + （从量气价 ± 原材料调整额） ×燃气使用量。

以东京地区为例，按家庭月平均用气量30立方米计算，日本容量价格为每月60元（人民币，下同）左右，从量价格（单位气价）为7.3元/立方米左右，实际平均价格约为9.3元/立方米，家庭月支出280元左右，约占到东京城镇居民月人均收入的2.6%，高于我国北京1.8%的水平。

表8－1　日本大阪燃气公司2018年6月收费情况

气价表	单月使用量（立方米）	容量气价（元/月）	单位气价（从量气价）（元/立方米）
A	0～20	43.7	8.1
B	20～80	60.9	7.3
C	80～200	71.0	7.1
D	200～500	109.0	6.9
E	500～800	362.6	6.4
F	800以上	717.6	6.0

注：根据2018年6月100日元=5.87元人民币汇率换算。

3. 延伸服务

日本建筑红线内管道设施均属于用户资产，但与我国不同，燃气表具不是用户资产，而是燃气企业资产。燃气企业提供的如抄表、定期检查、紧急抢修等费用以及燃气表的维护、更新、改造费用等，通过两部制气价中的容量气价回收。对其他延伸服务收费，政府不参与收费标准的制定，只对市场进行监督，由燃气企业根据不同服务内容与用户协商收费价格，但燃气企业需向用户提供详细的收费明细，对于收费水平明显高于市场价格，并且不能提供合理理由的收费内容，用户可向政府部门投诉。

（四）经验与启示

20 世纪 80 年代以前，世界各国普遍对天然气行业实施纵向一体化管理，不仅对具有自然垄断特性的环节进行管理，也对竞争性环节进行管理。这种体制导致天然气价格和消费处于畸形发展之中，企业长期亏损、财政负担沉重、冗员严重、服务效率低下。于是，各国纷纷启动天然气改革，改革的主要做法包括：放开竞争环节价格管制，限制自然垄断环节的业务并加强监管，建设统一的天然气市场，加强储备调控等。概括起来，各国对城市天然气价格改革的主要做法有：

区分竞争性和非竞争性业务对产业链进行结构性改革。天然气定价机制的形成与天然气的产业链结构改革密不可分，其基本趋势是从垄断走向竞争。20 世纪 70 年代以后，各国纷纷对天然气行业实施了与电力改革分拆模式类似的产业链结构性改革，首当其冲的是区分自然垄断业务和竞争性业务。各国的基本做法是：从“网销分离”开始，将具有自然垄断的管输公司和具有竞争特性的生产和销售公司在会计和组织上分离。这样就实现了管道所有权与天然气所有权相分离，管道运输业务与天然气销售业务相分离。由此可见，价格改革与产业链密不可分。

放开上游管制，让市场决定价格。形成公平合理的价格水平，必须要让天然气实现充分供给，形成多买多卖的市场格局。20 世纪 70 年代末，美国开始放松管制的改革，促使当时的天然气市场由垄断走向竞争，而首先放松管制的领域就是上游，即在生产环节取消井口价格的管制，实现天然气供给主体多元化，通过充分竞争形成价格，防止由垄断造成的价格高企。除美国外，纵观世界其他国家的天然气改革历程，为形成合理的价格水平，放开上游生产或进口，让气源实现充分供给，同时赋予终端用户更多的选择权，基本上是各国的通行做法。

区分产业链不同环节的属性，实施有针对性的监管。有效监管是政府对市场失灵的补位和调节。天然气产业链由竞争性业务和自然垄断性业务构成，不同产业属性的环节监管方式有所不同。20 世纪 70 年代末，很多国家开始对产业链进行市场化改革，原来上下游一体化的垄断格局被打破，政府逐步放开竞争环节的进口价和终端销售价的管制，而只对属于自然垄断性的中游管输环节进行定价。这是符合产业链专业特点的科学监管方法，也是世界各国共同采取的做法。

价格改革要综合考虑产业发展等因素逐步推进。价格改革是建立市场体系的核心。世界各国往往遵循价格改革与产业发展相结合，价格改革与国际天然气价格和替代能源价格相匹配的原则，在综合考虑天然气产业发展特点、居民承受能力、替代能源价格及通货膨胀等因素基础上，逐步推进，最终形成以市场供求关系决定的价格形成机制。

世界主要发达国家都采取了市场化改革手段，建立了主要由市场决定的价格机制，实现了促进行业发展和保护消费者利益的双重目的。对我国颇具启示意义，主要体现在以下方面：

打破垄断、促进竞争是前提。美国、欧盟、日本等发达国家通过对天然气产业链的结构进行拆分，促进了天然气供应和服务的竞争。目前，我国天然气行业大型企业纵向一体化严重，覆盖了勘探、开采、净化、运输、批发乃至城市配气等环节，竞争性业务和垄断性业务捆绑经营，其他企业的进入空间很小，供应不足，价格扭曲，成本高企，效率偏低。对产业链进行市场化改革，打破垄断，促进竞争，应作为我国天然气产业改革的方向，也应成为理顺天然气价格机制的前提。

建立统一的市场体系是基础。欧美发达国家的关键经验，是打破各成员国之间的市场分割和跨区域资源配置障碍，鼓励各国天然气基础设施的互联互通和自由贸易。我国可借鉴相关做法，打破行业垄断和市场分割，加强省际、城际管网的互联互通和统一市场体系建设，促进公平竞争，为天然气资源的优化配置和普及应用创造条件。

实施网运分开、管网开放是关键。发达国家的天然气改革都将网运分开和管网开放作为天然气市场化改革的核心内容，实行“厂网分离”“网销分离”“输配分离”“储运分离”，由专门的监管机构确定合理的管输费，并强制实施第三方准入制度，在竞争和监管中实现了产业协调发展。我国“三桶油”垄断经营体制是天然气供需矛盾和价格扭曲的症结所在。将管道运输与天然气销售业务相分离，实现管网独立并公平开放，是协调上下游利益关系，推动天然气行业健康发展的必行之举。

输、配气定价和调价机制是核心。以欧盟为例，欧盟监管机构主要对天然气输气和配送价格进行监管，并制定了输、配气定价的公式、规则和调价机制。我国已初步建立了覆盖长输和城市配气的监管制度，下一步是加快管网第三方的准入步伐，让独立的管输价格有用武之地，并进一步落实城市燃气配气价格监管办法和成本监审工作。

统一的监管体系是保障。独立的监管机构和统一的监管规则是发达国家天然气改革成功的关键。我国天然气价格实行中央与地方分段管理，尚未形成统一的监管体系，产业链条价格传导不顺，影响产业上下游协调发展。

加快天然气交易市场和储气设施建设必不可少。发达国家既建立了上游多元化的供气市场，也促进了储气设施建设，对调解供需平衡、防止金融冲击起到了重要作用。我国应放开上游气源进口和开采，鼓励天然气自由贸易，鼓励社会资本投资建设储气设施和 LNG 接收站，促进管网基础设施的公平开放，这有利于稳定国内市场价格，降低天然气成本，大大提高我国天然气的供应和保障能力。

四、加快推进天然气产供储销体制改革

不改体制，价格改革犹如扬汤止沸。成熟的天然气定价制度，应从形成机制上将气源价格和输配价格分开，气源随行就市，输配价格由政府核定并接受监管。价改目标的实现需配套必要的体制条件，即气网分离、网销分离，管输业务独立和管网公平开放。为此，应加快油气体制改革，推动上、中、下游全产业链市场化改革，通过竞争来降本增效，为形成由市场决定的价格机制创造必要的体制环境。

（一）深化生产环节矿业权改革

一是加快建立勘查区块竞争出让制度。目前，国家已经收回部分三大油气企

业未利用的天然气区块，勘查资质已完全放开，初步具备竞争性出让矿权的条件。下一步，可考虑拿出部分常规气、页岩气区块，按照价高者得的原则实行招标出让探矿权。二是竞争出让枯竭的油气藏资源。将枯竭油气藏设立为一种新的矿权，国家从三大油气企业中收回具备条件但未建成储气库的枯竭油气藏资源，通过竞争性出让招标拍卖。允许各类投资主体从事储气库建设，提高天然气的调峰能力。组织新一轮建库资源普查，为中远期储气库建设提供优质可靠的目标。三是实行更加严格的区块退出机制。提高天然气矿权使用费标准，提升最低勘查投入标准，鼓励加大投入。制定枯竭油气藏使用费标准，建立天然气矿业权、枯竭油气藏矿权二级市场，允许企业在满足法定条件的情况下交易转让。四是合同约定权利。今后，国家在出让天然气、枯竭油气藏矿业权时，可以采用租约形式，制定出一套矿业权出让行政合同，矿产资源主管部门与受让方约定权利义务。合同内容可以包括，出让的油气矿权的范围和性质、矿权期限、勘探和开发义务、最低义务工作量、环保安全责任义务、争议解决等必备条款。

（二）实施天然气销售业务与输送业务分离

将天然气销售业务与输送业务分离，即“网销分离”是发达国家天然气市场化改革的共同做法，也是符合天然气产业链属性特点和行业发展趋势的改革路径。我国油气体制改革方案和管输价格独立核算及成本监审办法已明确此改革方向，下一步应从体制上进行剥离，成立独立的天然气管道公司，从根本上理顺价格形成机制。可考虑将原属于三大油气企业的天然气管道、LNG 接收站、储气库以及省级管网独立出来，按照长输管线供气范围和区域天然气市场范围组建若干家管网储运公司。管网储运公司在业务上实行网销分离，不再从事购气和售气业务，实行混合所有制，各类投资主体均可参股。允许和鼓励各类投资主体组建新的管网储运公司，从事管网、LNG 接收站、储气库等相关基础设施建设。在上、中游改革完成后，再进行城市燃气的网运分开、放开竞争性业务的改革。

（三）推动天然气管网储运设施公平开放和互联互通

自 20 世纪 90 年代以来，我国关于管网独立的讨论从未间断。随着天然气市场的快速发展，管网独立的必要性日益凸显。当前，油气改革面临瓶颈，基础设施和管网建设滞后与天然气的快速发展需要不相适应；产业链高度集中与管网建设多元投资需求相矛盾；一体化经营与第三方准入相冲突，多种矛盾和冲突集中指向管网环节。只有管网独立，才能剪断气源和管输业务关联交易的“体制脐带”，疏通上下游价格传导机制，形成竞争性的市场化价格。只有管网独立，才能厘清管输成本，明晰管网投资回报，为价格监管和第三方准入奠定基础。同时，管网独立也是推动油气领域国企改革的突破口，是打破一体化经营、提高效率、做强做优国有企业的关键。

根据我国管网分布特征和价格改革进程，可成立若干家独立的长输管网公司，专门从事天然气管网的投资运营和天然气运输。制定管网第三方公平开放实施细则，促进各级管网、LNG 接收站、储气库等基础设施的无障碍接入和使用。对各种来源的入网天然气制定统一标准，推动采用热值计价，统一天然气计量和质量标准，保证气体质量稳定、可用和安全。加快推动实现管网互联互通，配合第三方公平开放，促进“气”畅其流，进一步降低天然气运输和配送成本。

五、进一步完善天然气价格机制

经过持续不断的改革，我国天然气价格改革已迈入新的历史阶段，改革重点已转向下游城市燃气。在现有体制条件下，下一步的价格改革一方面是建立上下游利益协调机制，另一方面是根据体制改革进程，为最终完成由市场决定价格的改革目标而进一步完善机制。

（一）建立上下游价格联动机制

按照国际经验，天然气管网独立后，门站价将不复存在，管输价格和气源价格将实现分离，上下游联动机制随气源价格变动而自发形成。但在目前网销不分、“少卖多买”体制下，我国天然气价格只能采用门站价“分级、分段管理”，即中心城市门站价格由国家价格主管部门制定，省级天然气管网、市、县辖区内管道燃气配气价格和终端用户销售价格由省级及以下政府价格主管部门制定。出于民生考虑，一些地方终端居民用气价格调整往往与上游气源价格或者城市门站价格调整不同步，导致上游气源价格波动无法及时疏导至下游。

2018 年 6 月，国家继续深化天然气价格改革，居民和非居门站价格实现并轨。居民用气门站价格理顺后，终端价格应进行相应调整，受制于听证程序，部分地方终端价格可能不能及时调整到位。下一步改革的当务之急是建立起上下游价格联动机制，明确价格调整的启动条件、调整周期等内容，根据气源变化及时调整终端销售价格，避免价格刚性影响改革进程和行业的健康发展。

（二）加强城市燃气配气成本监管

我国天然气行业已建立起“准许成本 + 合理收益”为核心的“管住中间”制度框架，长输管道成本监审制度已经建立，下一步的改革重点是城市配气。2017 年国家已经出台了城镇燃气配气价格监管指导意见，下一步应尽快指导各地结合当地实际加快制定配气价格管理办法和成本监审办法，核定独立的配气价格，并探索不同用户间分摊配气成本的方法规则，使不同用户的配气价格真实反映其成本，实现监管制度化、规范化和精细化。为鼓励储气设施建设，应在成本监审中将燃气企业自建自用的储气设施计入有效资产的基础中，进一步明确将应急储备的相关费用计入准许成本。同时，推动成本信息公开，为实现天然气终端销售价格市场化奠定基础。

（三）完善差别价格政策体系

差别价格是天然气价格市场化的表现形式之一，对于放开气源和销售价格具有积极促进作用。在推进“管住中间，放开两头”的天然气价格改革过程中，实行季节差价、峰谷差价、调峰气价、可中断气价和阶梯气价等差别价格可以完善我国天然气价格体系、体现天然气供需的差异性、缓解高峰期天然气的供需矛盾、促进资源的高效合理利用。目前，我国对居民实施了阶梯气价，对非居民鼓励实行季节性差价，对化肥用气实施可中断气价，但总体而言，激励性的差别价格政策体系尚未建立，这是下一步完善天然气价格机制的重要着力点之一。

一是推进全面实行非居民用气季节差价并使之成为一种规范的价格制度。2018 年 5 月，国家发展改革委《关于理顺居民用气门站价格的通知》已明确推行季节性差价政策，鼓励各地消费旺季可在基准门站价格基础上适当上浮，消费淡季适当下浮，利用价格杠杆促进削峰填谷，鼓励引导供气企业增加储气和淡旺季调节能力。现在需要做的是，各地区或天然气供应（销售）方在现行价格机制下，建立规范的天然气季节差价制度，制定实行季节差价的起止时间和价格，公开、透明地实施。

二是在门站和城镇燃气销售环节试行非居民用户按气量累计递减的阶梯气价或气量差价。非居民用户，包括工业燃料、天然气发电、天然气化工等，是我国扩大天然气利用覆盖范围、拉动天然气消费量增长、实现国家天然气发展“十三五”规划目标的主要领域。对非居民用户实行随气量递减的阶梯气价，不仅可以刺激天然气消费量，也符合天然气供需的经济学原理。

三是发展可中断用户，实行可中断气价。行政性强制中断或减少部分用户用气量的方法与市场经济规律相违背，而差别价格则是调节高峰期用气需求的最佳手段。对于有燃料替代能力和可以使用双燃料的工业、化工和发电用气，包括直供用户和城镇燃气公司的非居民用户，应发展其成为可中断用户，签订可中断供气合同，实行可中断气价。国外对可中断供气的补偿主要通过“两部制”管输费来实现。“两部制”将管输费分为“容量费”和“从量费”两部分，可中断供气用户没有“容量费”，只按实际输气量收取“从量费”，费率总水平较低。我国现在还没有对管道运价实行“两部制”，可通过经验法则确定可中断气价的优惠幅度，也可根据可中断用户的可中断供气量、时长和用户类别等进行综合评估，划分不同的可中断等级，分别确定其价格。

四是实施调峰气价。调峰气价是特殊供需形势下的应急价格，天然气供应商和销售商可根据天然气的供需和市场变化适时应用，但应在政府监管部门对价格水平和实施时间进行核定后实行。

（四）制定热值计价标准和监管办法

继续深化天然气价格改革需要进一步提高定价的科学性和公平性。采用体积计量和计价，已经难以适应多气源、多类型、多路径联网供气的天然气销售格局，并且无法与国外并轨。我国进口 LNG 的交接和结算都是按热值计量的，进口管道气也直接或间接按热值计价，但是在进入国内后，却开始按体积计量。两种不同的计量和结算方式，既影响进口天然气的境外采购，又影响国内销售，有碍中国天然气市场的国际化进程。管网设施公平开放是油气体制改革已经明确的改革方向。将来天然气管网设施运营企业接收和代天然气生产、销售企业向用户交付天然气时，应以热值和体积为计量标准，以热量作为贸易结算依据，并接受政府计量行政主管部门的计量检查。下一步气价改革应尽快制定出天然气热值计价的标准和监管办法，以配合未来的管网基础设施的公平开放和互联互通。

（五）逐步推进非居民用气价格市场化改革

基于目前的体制条件和民生考量，居民气价在相当长时间内还需政府管制，非居民终端价格可进一步探索放松管制。但在上游矿权、中游管网改革未完成的情况下，直接放开非居民价格易形成垄断高价，故改革需循序渐进推进。

第一步，试点完全放开非居民门站价。目前，门站价基本由市场主导形成，供需双方可以基准门站价格为基础，在上浮 20%、下浮不限的范围内协商确定具体价格。可以尝试在有多个气源竞争的地区试点完全放开价格。例如，在上海和广东等进口气源多元化、大用户众多的消费地，以及像四川、重庆等资源丰富的产区，初步具备市场化定价条件的，可先行试点放开门站价格。

第二步，待气源多元、长输管道第三方开放和互联互通后取消门站价格。管道开放后，门站价不复存在，终端销售价则转为由气源、管输价格、配气价格构成，城市燃气企业可直接与上游供气方协商气源价格，按国家核定的管输价向管网公司交网费即可。

第三步，待城市燃气配气价格独立核算、配气管道公平开放之后，放开终端

销售价格，形成供求关系决定价格的机制。与门站价改革类似，终端价格市场化也应当遵循先基础设施公平开放再放开价格的步骤。终端价格放开后，新增供应商可自由进入产业链的任意环节，用户都可自由选择燃气供应商。

（六）规范延伸服务收费

我国城市燃气建设安装市场仍存在垄断经营情况，部分地区存在收费标准偏高、重复收费等问题。关于延伸服务收费，下一步应规范工程建设安装费收费标准，加强对工程材料采购、工程监理、施工质量和验收通气等环节的监管，逐步推动形成有序竞争的燃气工程安装市场。在延伸服务收费中，燃气表的更换费用是费用归集的难点和争议点。为避免未来定期更换燃气表给用户带来额外费用负担，引发不必要的社会矛盾，可探索通过合同约定的方式调整燃气表产权的做法，将其由用户资产转换为燃气企业资产，以便于燃气表维护，从而更好地确保用气安全。

（执笔人：景春梅）

参考文献：

［1］国家发展和改革委员会．坚定目标砥砺前行天然气价格改革善作善成——党的十八大以来天然气价格改革纪实［EB/OL］. http：//www. ndrc. gov. cn/xwzx/xwfb/201710/t20171021_ 864325. html.

［2］景春梅．能源革命与能源供给侧改革［M］．北京：经济科学出版社，2016.

［3］景春梅等．城市燃气价格改革［M］．北京：社会科学文献出版社，2015.

［4］范必．供给侧全产业链改革根治周期性“气荒”［J］．宏观经济管理，2018（2）.

［5］王富平，冯琦，崔陈冬，胡奥林．中国天然气差别价格体系研究［J］.

天然气工业，2017（9）.

［6］高芸，张长缨，高珏杰，胡奥林.2016 年中国天然气市场述评及 2017 年展望［J］.天然气技术与经济，2017（11）.

［7］郭艳红，孙明烨.浅谈城市天然气价格及季节性定价［J］.城市燃气，2003（2）.

［8］王富平，文雯，吴杨洁，张津铭.对我国建立可中断天然气价格的思考［J］.天然气技术与经济，2016（10）.

［9］彭文艳，张缓缓.日本天然气价格调整机制研究及其经验借鉴［J］.价格理论与实践，2011（10）.

［10］胡奥林.如何构建中国天然气交易市场［J］.天然气工业，2014（9）.

附录 部分相关研究成果

加快推进天然气市场化改革

中国天然气市场化改革备受国内外关注，因此充分借鉴国际经验十分重要。2018 年 7 月，国际能源署与有关部门在京举办天然气市场化改革国际经验研讨会。中央财办、发改委、能源局、国内外有关企业家代表及国际专家共计 30 余人参与研讨。与会专家认为，中国天然气市场目前面临难得的改革窗口期，应抓住时机，细化市场架构与监管设计，加快推进改革进程，确保天然气快速、高效、安全发展。

一、天然气市场化改革应紧抓机遇期主动作为

IEA 首席经济学家拉佐罗（Laszlo）表示，天然气是 2040 年前增长最快的化石能源，全球天然气发展正进入一个黄金时期。新技术尤其是小型模块化浮式液化天然气技术的快速发展，使天然气的灵活性不断增加。灵活和充足的供应为中国开展市场化改革提供了宽松的国际环境。

拉佐罗认为，中国天然气市场从上游供应和基础设施层面已具备竞争性市场的硬件基础，缺乏的是能够使这些硬件高效运转的软件。据 IEA 预测，到 2040

年中国将占全球天然气需求增量的1/4，同时约占贸易总量的1/4。中国天然气市场化改革将使中国具有包括定价权在内的更大国际话语权。

北京国际能源专家俱乐部总裁陈新华也认为，中国天然气产业已具备构建市场化架构的条件，建议由一家超越部门利益的权威机构（如中财办）牵头做好构建架构工作。IEA专家认为，发展阶段并非市场化改革的约束条件，英国、西班牙都是在天然气快速发展阶段启动了市场化改革。

美国能源基金会总裁邹骥认为，2030年前天然气发展具有毋庸置疑的潜力，出于治理环境污染和减排需要，中国天然气替代煤炭尤其是散煤空间巨大，但随着可再生能源及新能源的快速发展，2030年后天然气的定位可能会有较大改变，如果不抓住这一窗口期，天然气发展恐将错失良机。国家能源局法改司副司长丁志敏认为，改革推进缓慢已经影响了企业的投资预期，导致管道建设节奏减缓。

二、允许基础设施第三方公平准入是市场化关键

IEA署长高级顾问杨雷认为，天然气基础设施的第三方准入是市场化改革的牛鼻子，能否成功推进的关键在于理顺利益关系。欧洲的天然气基础设施第三方准入经历了一个曲折的过程，欧盟最终认为“法律和业务的独立不能确保第三方准入，只有所有权独立才是最有效的办法”，要求各国必须成立独立的管道及基础设施公司。英国使馆能源负责人杰茜卡（Jessica）认为，容量分配、定价机制、运行管理、交易等详细的政策设计和配套监管确保了英国天然气市场第三方的公平准入。

北京燃气董事长李雅兰表示，天然气行业“放开两头、管住中间”已经成为共识，加强管道等基础设施的监管和信息透明非常重要。地方管网和城市燃气管网也存在垄断问题，需明确地方政府的责任。新奥集团总裁张叶生认为，目前国内第三方准入的政策未有效发挥作用，除了长输管道垄断，还有不少地方管

道，导致燃气价格层层加码，迫切需要通过改革来理顺各方关系、降低价格，LNG 接收站也应该向第三方开放，改革越早越主动。

三、市场结构及监管设计至关重要

在市场化过程中，相关国家都设立了独立的监管机构，行业协会和第三方机构也都发挥了良好作用。拉佐罗认为，市场化不是放松监管，而是一个不断加强监管的过程。杰西卡表示，英国天然气监管机构的综合职能很强，对企业第三方准入、争议解决、信息披露等均有非常具体的要求。

IEA 专家介绍，在英国市场化设计中，坚持以具备运输条件的天然气为交易基础，为此设计了“托运商”这一角色，由监管机构发放执照并进行直接监管，有机连接了管网和天然气交易。英国和欧盟均有 200 多家有资质的托运商，构建了坚实的一级市场，形成了有效竞争，同时监管对象明确，避免了过度投机。

四、开放的市场将显著提升能源安全水平

拉佐罗介绍了福岛事件后日本保障能源安全的镜鉴。当时国际 LNG 价格上升，英国及欧盟天然气发电大量转换为煤电，同时增加了从俄罗斯的管道天然气进口。由于有灵敏的价格信号，原来供应欧盟的大量中东 LNG 转运到日本，甚至从欧洲 LNG 接收站储罐中泵出来运到日本，使天然气成为日本关停全部核电站后弥补能源缺口的主力能源。值得关注的是，这么复杂的过程并没有动用政治及行政力量来协调，基本靠市场得以解决。拉佐罗提醒，2017 年中国北方的“气荒”与 2011 年日本遇到的能源短缺完全不在一个数量级上，政府就已高度警

戒，动用了很多手段，很难想象一个市场化程度较低的僵化体系，如遇上重大能源危机，中国将如何应对。

陈新华认为，开放的市场更有助于保障中国能源的安全，可利用国际市场来满足中国用气高峰需求。目前欧洲储气能力为1200多亿立方米，有相当比例的过剩库容，如能通过市场化机制，用LNG串换转运方式为中国进行季节调峰，比如冬季欧洲用户通过加大使用储气库的天然气，将原采购于中东的LNG串换转运至中国，既可以缓解中国储气能力不足的问题，也可以提高欧洲储气设施的利用率。

五、天然气市场化改革中的关键问题及解决方案

IEA专家介绍了欧美国家天然气市场化改革的主要经验和做法，认为中国改革遇到的关键性问题与欧美类似，都能够得到解决，关键在于改革决心。

（一）气源竞争不足问题

欧洲市场化改革初期，也长期面临上下游一体化经营，难以形成有效竞争的问题。英国的做法是强制让英国天然气（BG）公司让出10%的市场份额，逐步扩大到40%，直到最后完全让出BG公司的份额。欧盟天然气改革初期也是强制原垄断公司出让一定比例的市场份额，并扩大进口，逐步促进上游的竞争，并扶持新进入者优先供气。

思亚能源总裁李遥认为，增加中国的天然气上游多元化。一方面是扩大进口，尤其是LNG的进口，另一方面是放开上游的勘探开发。短期内最有效的办法是赋予在华从事天然气开发的国际油气公司以销售权，允许其直接售气给下游企业，而不像目前，由三大油统一统购统销。国际公司代表也表示，没有天然气销售权是阻碍跨国公司投资中国天然气勘探开发项目的一个重要因素。自然资源

部油气中心主任潘继平认为，中国天然气资源潜力很大，竞争可以促进资源开发，特别是通过改革试点等方式盘活已有储量，加快开发已探明未动用储量，可短期内显著提高天然气产量。多位与会专家表示，中国的天然气资源潜力需要体制改革和竞争进一步激发出来。

（二）长期合同制约问题

改革前，欧盟和英国也曾签署了大量长期合同，锁定价格和气量，与市场化改革形成冲突。为推动改革，英国以支付赔偿金方式中止了不少长期合同。欧盟则与供气商，主要是俄罗斯开展了大量长期合同的复议，取得了较好效果。中海油副总经济师王中安认为，对长期合同违约产生的成本，应认真研究解决机制，不应全部由企业承担。通过政策变化强制废弃或复议长期合同会降低企业信用。

（三）信息透明度问题

提高信息透明度对于改革至关重要。英国监管部门要求托运商从提前一年直到天然气交运前都要随时报告相关信息，并承担信息不准确的责任，国家天然气管道公司更是每两分钟一次随时在网上公布每一个进气口、出气口的即时天然气流量。信息透明度增强了市场交易商的信心，也培育了阿格斯、普氏等世界知名的跨国天然气信息服务商。英国天然气网的国家平衡点、美国亨利中心等作为全球天然气价格指标，都是信息高度透明的产物。

（四）改革成本问题

欧美国家的改革历程表明，改革成本不可避免。英国因为中止长期天然气合同先后赔偿有关企业约 5 亿英镑。在改革过程中，美国大量企业被分拆、兼并，由于严格监管导致管道盈利能力降低，管道公司的价值大幅缩水，当时也形成一定冲击，政府曾允许下游企业分摊最高 70% 的管道企业损失。短期看改革成本似乎很大，但市场化改革成功带来的综合效益则十倍、百倍于当初的成本。

（五）社会影响问题

欧美都非常重视天然气市场化改革的社会影响，不仅大力宣传改革面临的形势及相关举措，争取公众支持，也非常重视对弱势群体的帮扶。英国专门出台消除能源贫困的计划，政府牵头负责，动员天然气供应企业和管网企业参与，使贫困人口都能用上天然气。这些举措成功地减少了改革阻力。杨雷认为，改革本身是形势使然，从技术层面上讲，目标是要让市场起决定性作用。市场化机制才能产生国际上可接受的市场价格，最终体现为国家综合实力，完善的市场最终也将会增加供应、提高效率、造福人民。改革应保持定力，避免干扰，不忘初心，方得始终。

（执笔人：景春梅）

以天然气产供储销体制改革深化价格改革

天然气价格改革目标是“管住中间，放开两头”，即放开气源和销售价格由市场形成，政府只对属于网络型自然垄断环节的管网输配价格进行监管。近些年天然气价格改革取得了重大进展，建成上海、重庆两个国家级交易平台，实现了居民和非居民门站价全部由市场主导形成，并加强自然垄断环节监管，基本构建起覆盖全产业链的价格监管制度。但是，在2017～2018年供暖季的气荒中，交易中心竞价频创新高，上下游利益难以协调，气价被认为是矛盾的症结。其实，这表面上看似是价格问题，但背后反映的却是深层次的产供储销体制问题。

一、继续深化天然气价格改革面临的产供储销体制瓶颈

（一）天然气产业链未形成有效竞争市场结构

还原能源的商品属性，建立由市场决定的价格机制，前提是构建起有效竞争的市场结构和市场体系。三大油气企业从气源到管网、储运、分销产业链高度一

体化，带来一系列弊端。首先，造成供给不足，引发气荒并伴随高价。垄断必然带来短缺，短缺必然导致高价。2013 年国家对非居民门站价实行最高限价管理，2015 年开始实行“上浮 20%、下浮不限”的基准价管理，无论哪种机制，下游城市燃气企业接受的价格几乎都是上限价格，大大制约了下游市场的扩展。天然气“十二五”规划的消费目标没有完成，与高度垄断的市场结构和价格畸高直接相关。其次，导致交易中心不能充分发挥价格发现功能。在气源高度集中，管道和液化天然气接收站等基础设施与上游供气业务捆绑，管道不开放的情形下，交易中心竞价必然是高价成交，只能发现交易量，不能发现真实的市场价格。最后，制约价格改革。一体化经营体制模糊了自然垄断和竞争性环节的产业属性，使气源价格与输配气价难以区分，气源价格变动无法及时传导至终端，上下游价格联动只能靠行政指令“人工手动”，而不是市场化“自发联动”。

（二）上游矿权高度集中导致自产气和储气库供给不足

世界上大部分国家的油气矿权采用招标出让。我国常规天然气实行登记出让，三大油气企业以“申请在先”的方式无偿取得油气区块的探矿权，且拥有大部分有利区块。矿权持有成本低，国家对大量矿区既不投入也不开采的行为缺乏制约机制。国土部门近年来将页岩气设置为独立矿种，并尝试采用招标出让，但因大部分页岩气区块与三大油气企业占据的常规油气田重合，进展并不顺利。现行矿权制度还影响到储气库建设。国内枯竭油气藏基本由三大油气企业开采后形成，既无强制退出机制，也无二级市场，其他各类投资主体无法投资建设。上游矿权高度垄断致生产不足，储备调峰能力弱，气源潜力没有得到充分释放，价格高位运行则成必然。

（三）中游基础设施不开放导致低效高价和储气库建设滞后

三大油企既是管网和 LNG 接收站、储气库的所有者、运营者，也是购售气主体，垄断体制及盈利模式决定了其没有动力对第三方进行代输和储运。一些下游企业可从国际上拿到低价气源，但受制于基础设施不开放而无法将低价气源运上岸、送出去。已建和在建民营 LNG 接收站难以接入长输管道，仅能以液态形式在周边范围销售，造成设施利用低效和终端销售高价。国家在 2015 年就出台了长输管道价格独立和成本监审办法，为管输业务独立、管道基础设施公平开放奠定了计价基础。受制于管道基础设施不开放，管输价格不能发挥应有作用，储气价格政策虽已明确，但储气库不能正常开展购、储、销业务，致使投资方不敢投资，直接制约储气库建设，也使储气价格政策陷入"无用武之地"的尴尬。

（四）输送环节过多抬高用气成本

天然气产业链从上游气田至终端用户涉及长输干支管道、省域管网、城市燃气管网等多个环节，而目前省网和城市配气环节过多、收费过高，妨碍市场公平竞争，提高了终端用户的用气成本，据测算，在国内主要城市工业用气价格构成中，输配费用占比超过 40%，某些城市甚至超过 50%，远高于发达国家水平。

二、加快推进天然气产供储销体制改革

不改体制，价格改革犹如扬汤止沸。成熟的天然气定价制度，应从形成机制上将气源价格和输配价格分开，气源随行就市，输配价格由政府核定并接受监管。价改目标的实现需配套必要的体制条件，即气网分离、网销分离，管输业务独立和管网公平开放。为此，应加快油气体制改革，推动上、中、下游全产业链市场化改革，通过竞争来降本增效，为形成由市场决定的价格机制创造必要的体制环境。

（一）深化生产环节矿业权改革

一是加快建立勘查区块竞争出让制度，可考虑拿出部分常规气、页岩气区块，按照价高者得的原则实行招标出让探矿权。二是将枯竭油气藏设立为一种新

的矿权，竞争出让枯竭油气藏资源，允许各类投资主体从事储气库建设，提高天然气调峰能力。三是实行更加严格的区块退出机制，提高天然气矿权使用费标准，提升最低勘查投入标准，鼓励加大投入。四是合同约定权利，今后在出让天然气、枯竭油气藏矿业权时，可采用租约形式，签订矿业权出让行政合同。

（二）实施天然气销售业务与输送业务分离

网销分离是发达国家天然气市场化改革的共同做法，也是符合天然气产业属性和行业发展趋势的改革路径。我国油气体制改革方案已明确此改革方向，下一步应剥离油气企业天然气销售业务，成立独立的天然气管网储运公司。管网储运公司不再从事购售气业务，实行混合所有制，各类投资主体均可参股。上中游改革完成后，进一步推进城市燃气的网运分开、放开竞争性业务的改革。

（三）推动天然气管网储运设施公平开放和互联互通

只有管网独立，才能剪断气源和管输业务关联交易的“体制脐带”，疏通上下游的价格传导机制，形成竞争性的市场价格。管网独立也是推动油气领域国企改革的突破口，是促进国有企业提质增效的有力举措。建议成立若干家独立的长输管网公司，专门从事天然气管网的投资运营和天然气运输。尽快推动管网第三方公平开放和互联互通，促进各级管网、LNG 接收站、储气库等基础设施的无障碍接入，降低运输和配送成本。对各种来源的入网天然气制定统一技术标准，采用热值计价，保证气体质量稳定、可用和安全。

三、进一步完善天然气价格机制

（一）建立上下游价格联动机制

2018 年 6 月，居民门站价格上调了 0. 35 元，与非居门站价格实现并轨，受制于听证程序，部分地方的终端价格不能及时调整到位。下一步改革的当务之急是建立起上下游价格联动机制，明确价格调整的启动条件、调整周期等内容，根据气源变化及时调整终端销售价格，避免价格刚性影响改革进程和行业健康发展。

（二）加强城市燃气配气成本监管

国家已经出台城镇燃气配气价格监管指导意见，下一步应尽快指导各地结合实际加快制定配气价格管理办法和成本监审办法，核定独立的配气价格，并探索不同用户间分摊配气成本的方法规则，使不同用户的配气价格真实反映其成本，实现监管制度化、规范化和精细化。

（三）完善差别价格政策体系

差别价格是天然气价格市场化的表现形式之一，对于放开气源和销售价格具有积极促进作用。一是推进全面实行非居民用气季节差价。国家已明确推行季节性差价政策，鼓励各地利用价格杠杆促进削峰填谷，引导供气企业增加储气和淡旺季调节能力。下一步应敦促各地或供气企业明确实行季节差价的起止时间和价格，推动季节差价政策落地和实施。二是在门站和燃气终端销售环节试行非居民用户按气量累计递减的阶梯气价或气量差价。三是发展可中断用户，实行可中断气价。四是实施调峰气价。

（四）制定热值计价标准和监管办法

采用体积计量和计价已难以适应多气源、多类型、多路径联网供应的天然气销售格局，并且无法与国外并轨。下一步气价改革应尽快制定出天然气热值计价的标准和监管办法，以配合未来的管网公平开放和互联互通。

（五）逐步推进非居民用气价格市场化改革

基于目前的体制条件和民生考量，居民终端气价在相当长时间内还需政府管制。非居民终端价格可进一步探索放松管制，但在上游矿权、中游管网改革未完成的情况下改革需循序渐进。第一步，在多气源地区试点完全放开价格。第二步，待气源多元、长输管道第三方开放和互联互通后，取消门站价格。第三步，待城市燃气配气价格独立核算、配气管道公平开放之后，放开终端销售价格，形成供求关系决定价格的机制。

（六）规范延伸服务收费

我国城市燃气建设安装市场仍存在垄断经营情况，部分地区存在收费标准偏高、重复收费等问题。下一步应规范工程建设安装费收费标准，加强对工程材料采购、工程监理、施工质量和验收通气等环节的监管，逐步推动形成有序竞争的燃气工程安装市场。

（执笔人：景春梅）

持续推进我国“煤改气”工作的建议

21 世纪初我国就已经开始推动“煤改气”工程改造，但进度较慢。2016 年起，“煤改气”被作为改善空气质量的重要手段在京津冀及周边地区全面开展。2017 年是“大气十条”的收官之年，环保监管力度加强，政府也加大了对清洁取暖的补贴力度，“煤改气”工作进一步提速。“煤改气”作为能源转型的主要形式，既关系到生态环境改善成效，也关系到广大居民特别是农村居民居住环境的改善和用气安全，需统筹考虑，科学有序推动相关工作。

一、“煤改气”的政策现状

当前从国家到地方均未有“煤改气”专项政策，“煤改气”的目标行动和支持政策等一般出现在大气污染防治和清洁取暖相关文件中。2016 年 7 月，原环境保护部联合京津冀三地政府印发《京津冀大气污染防治强化措施（2016 – 2017 年）》，在京津冀地区划定“禁煤区”，限时完成农村散煤清洁化替代，天然气作为重要的煤炭替代能源开始发挥重要作用，“煤改气”在京津冀地区快速推进。2017 年 3 月，多部门与京津冀及周边地区共六省市联合印发《京津冀及周边地区 2017 年大气污染防治工作方案》，意味着“煤改气”作为冬季清洁取暖的重要手段，由京津冀核心区向周边推广且推广力度加大。2017 年 5 月，财政部等多部门发布《关于开展中央财政支持北方地区冬季清洁取暖试点工作的通知》，提出以中央财政补贴的方式支持北方地区的清洁取暖改造，试点示范期为三年，中央财政奖补资金标准为直辖市每年 10 亿元，省会城市每年 7 亿元，地级城市每年 5 亿元。在政策的强力推动下，2017 年京津冀及周边地区共完成“煤改气”“煤改电”改造约 394 万户，超出年度改造计划户数近 80 万户。

2018 年大气污染防治进入“源头防治”新阶段。国家发改委联合多部门发布《北方地区冬季清洁取暖规划（2017—2021)》，提出重点城市形成天然气与电供暖等替代散烧煤的清洁取暖基本格局，并明确了清洁取暖“煤改气”的目标和行动。国务院发布《打赢蓝天保卫战三年行动计划》，强调抓好天然气产供储销体系建设，加大天然气供应量和管网互联互通建设，并明确新增天然气量优先用于城镇居民和大气污染严重地区的生活和冬季取暖散煤替代。

二、“煤改气”面临的问题和障碍

近年来，我国环境治理成效显著，特别是京津冀地区的空气质量大幅改善，“煤改气”的贡献很大，但当前推进“煤改气”面临不少质疑，直接关系到“煤改气”工作能否持续推进。

（一）气源保障及国家能源安全

气源保障是“煤改气”推进的基础。虽然 2017 年冬季出现的“气荒”最主要的原因是中亚气未按合同供气，相比合同计划供应量减少了 4000 万 ~ 5000 万立方米/日，使得新投运的陕京四线无法发挥作用，导致供应出现短缺，但“煤改气”脱离“以气定改”的原则，在气源未落实情况下，过快推进也是不争事实。据中国石油集团经济技术研究院发布的《2017 年国内外油气行业报告》，

2017 年我国消费天然气量 2352 亿立方米，比 2016 年净增 340 多亿立方米，刷新了我国天然气消费增量历史，而与“煤改气”相关的净增天然气消费量接近 200 亿立方米，比其他年份平均净增的天然气消费量还要多。在消费需求快速增长的情况下，天然气储气调峰能力严重不足，也成为气源保障的短板。我国地下储气库的工作气量仅占全国天然气消费量的 3%，国际平均水平为 12% ~15%；液化天然气（LNG）接收站罐容仅占全国 LNG 周转量的 9% 左右，而同为 LNG 进口大国的日韩均为 15% 左右。

天然气对外依存度不断提高，给天然气供应安全和经济性带来挑战。目前我国天然气对外依存度已超过 40%，国内天然气生产能力短期内难有较大突破，随着天然气消费需求的大幅增长，对外依存度将较快提高，这将给我国能源安全带来较大不确定性，也可能成为我国外交的重要掣肘，这些都是不容忽视的问题。2017 年的“气荒”就是由于海外气源出现问题，导致土库曼斯坦没有按合同计划供气，从而直接导致供需缺口。

（二）补贴的可持续性

中央和地方政府对“煤改气”工程的建设和改造，以及清洁取暖用气价格的财政补贴，是目前“煤改气”得以推进的重要条件。对农村居民来说，改用天然气取暖后的成本至少是散烧煤的 2 ~3 倍，公共管网的铺设、燃气设施的建设等工程投资额也很大，这些成本相当一部分依赖于财政补贴。从各地政策看，清洁取暖资金来源主要有四种渠道：一是北方地区冬季清洁取暖试点城市的中央奖补资金；二是中央财政的大气污染防治专项资金；三是地方财政补贴资金；四是燃气企业承担或垫付部分资金。从 2017 年预算执行情况看，北京市全年大气污染治理投入为 184. 2 亿元，主要用于机动车污染防治、环保技改工程和煤改清洁能源。河北省级以上大气污染治理投入为 85. 3 亿元，全省用于农村地区“双代”（“煤改气”和“煤改电”）补助资金达到 73. 4 亿元。未来财政补贴是否会持续，如果持续，补贴标准是否会调整，都将对“煤改气”工作产生直接影响。

（三）农村"煤改气"的技术可行性

我国大规模使用天然气是从 20 世纪 80 年代才开始的，而且主要在城市使用，缺乏在农村地区供应燃气的经验。农村地区的燃气供应条件和供应安全是推动"煤改气"的主要障碍之一。在工程建设和设备安装方面，农村地区房屋相对分散，房屋结构各异，水电等基础设施建设也缺乏统一标准，这都给燃气管道铺设、燃气设施的规范化安装造成较大困难，面临管线设施与其他市政管线设施难以协调，户外管道难以做到防碰撞等问题。在后期维护方面，农村"煤改气"后，也需要像城市燃气用户一样享有安全巡检、抢修抢险、设备更换、查表收费等服务，但燃气公司是否能配备足够的安全维护人员，提供如城市一样的服务，直接关系到农村用户的用气安全。

（四）作为清洁取暖选择的合理性

虽然国家政策方向已经明确，清洁取暖不等于天然气取暖，但在实践工作中，天然气取暖仍会是最主要的清洁取暖方式，毕竟地热能、空气热能、太阳能、生物质能等可再生能源分布式、多能互补应用的新型取暖模式仍处于试点示范阶段，而电取暖的成本高于天然气取暖。即便如此，天然气取暖无论在经济性还是安全性上仍存在较大争议。比如，农村土地规模化经营正在成为趋势，现阶段推进农村地区大面积使用天然气，是否与未来农村土地流转的趋势相匹配，是否会面临"先建后拆"的浪费。再者，城市楼房两个相邻楼层之间的热量可以相互传导，但农村独立的平房容易散热，热量消耗会更大。

三、科学推进"煤改气"的相关建议

我国"煤改气"任务远没有完成，按照国家规划，到 2020 年散烧煤要从之前的7亿~8亿吨减少至2亿吨，2017年只减少了0.6亿~0.7亿吨，未来几年替代任务十分艰巨。

（一）规划：以科学合理速度推进“煤改气”

“煤改气”工作应吸取之前“一刀切”的教训，能源转型不能一蹴而就，盲目大干快上非但不能解决眼前的污染问题，还会加重民生负担，造成不必要的社会资源浪费，长期来看更会影响蓝天保卫战和小康社会目标的顺利实现。

一是尽快制定“煤改气”规划。2017年爆发的“气荒”乱象与“煤改气”缺乏科学规划直接相关。“煤改气”作为一项长期工作，应坚持规划先行，通过合理规划，把握好改造节奏，避免超量和提前改造，造成不必要的浪费，也降低政府各部门间由于此项工作带来的沟通协调成本。重点区域可根据污染治理目标、气源情况、财政状况等条件尽快制定区域“煤改气”实施目标和计划。从全国来看，工业和民用“煤改气”的需求不断增强，也应尽快制定全国性的“煤改气”规划，指导未来几年的“煤改气”工作。

二是更好地发挥部际协调机制作用。“煤改气”工作涉及能源、环保、建设等多个部门，天然气供给能力和价格水平由能源主管部门掌握，大气污染治理由环保部门负责，供气工程建设由建设部门负责，如果部门之间缺乏有效协调，难免各自为政。我国一直有跨部门、跨地区综合协调机制，比如部际协调机制。当前与“煤改气”相关的部际协调机制是煤电油气运保障工作部际协调机制，这一机制由国家发改委牵头，成员包括生态环境部和住建部等20多家单位。可考虑在此机制下设立“煤改气”协调小组，统筹做好重点区域和全国的“煤改气”工作。同时，继续推进部际会商、信息共享和预警机制，保证“煤改气”有序开展。

（二）安全：加强全过程安全监管

天然气在农村地区使用、流通，天然气设施在农村地区的运营、维护、更新改造都与现有的城市运营模式差异较大，而我国只有《城市燃气管理条例》，农村地区的燃气使用尚存在政策空白，需要尽快出台专门针对农村地区的天然气使用相关政策，统一技术标准和安全规范，以保障农村天然气建设、运营和维护全过程的安全性。因此，应构建城乡统筹的天然气供应体系，加大对适宜使用天然气的农村地区的基础设施建设投资力度，提高天然气服务能力，提高农村用能质量和水平，缩小城乡差别。农村“煤改气”管道建设应纳入天然气整体发展规划，消除农村“煤改气”市场的发展瓶颈，也避免边建边拆导致的浪费。

（三）气源：多举措开拓气源，补上储气调峰短板

“以气定改”已经成为“煤改气”工作的基本原则，这是确保不再发生“气荒”的有效手段，但也应认识到面对“煤改气”需求的快速增长，提高天然气供应能力才是避免“气荒”的根本之策。一方面，应积极开拓气源，扩大管道气和 LNG 的进口规模和相关基础设施建设。“三桶油”作为主要进口商应提前做好充分的气源供给规划，鼓励民营企业、城市燃气企业、天然气发电企业等开辟新的海外供应市场，加快天然气产业上游市场开放和长输管道对第三方公平开放，保证除“三桶油”之外的进口商既能买得到气，也能运得进来。同时，加大国内煤层气、页岩气、煤制天然气的开采，特别是推动非常规天然气的开发。另一方面，需补上储气调峰短板。加快布局和建设 LNG 接收站，鼓励更多投资主体投资建设地下储气库，推动建立储气调峰市场，允许地下储气库工作气量、LNG 应急调峰规模等进入市场交易，获得合理收益。

（四）资金：完善可持续的补贴等激励政策

财政补贴是当前“煤改气”最主要的资金来源，中央清洁取暖奖补资金在三年试行期之后是否会继续，以及地方政府有无财力持续补贴“煤改气”，直接关系到“煤改气”工作未来的可持续性。一是提高中央和省级财政补贴的针对性和有效性。在中央奖补资金试行三年后，对其政策效果开展评估，再决定是否继续推进一段时期。为更好地发挥财政资金的效用，可加强对用户端安装费用、设备费用和取暖费用的补贴，既减轻居民用户负担，也激励城市燃气企业主动推

进公共管网设施建设。二是专门研究出台关于低收入群体和农村用户的用气取暖补贴政策，实行政府兜底。三是鼓励地方政府、金融机构、城市燃气企业等创新合作机制和投融资模式，创新和灵活运用贷款、基金、债券等金融工具，加大对“煤改气”的融资支持。四是长期来看，应通过加快天然气的行业市场化改革，推动成本降低，减轻用户负担，保障“煤改气”工作持续推进。

（执笔人：陈　妍）

构建我国海外天然气多元化供应体系的建议

近年来，我国天然气消费需求大幅提升，在能源消费总量中的占比稳步提高，未来仍将保持较快增长。从供应能力看，我国自产气增速明显慢于消费需求增速。为满足国内消费，天然气进口规模增长较快，对外依存度大幅上升。预计到2025年前后，对外依存度将接近50%。这就要求建立海外天然气多元化供应体系，既要拓宽进口渠道，又要通过多种方式加大海外天然气资源的开发力度，以确保满足国内的天然气需求。

一、我国海外天然气供应现状

（一）我国海外天然气供应以直接进口为主，液化天然气在进口天然气中的比重逐年上升

我国海外天然气供应方式主要包括直接进口和海外合作开发，其中，直接进口包括管道气和LNG进口。管道气以长协为主，供应稳定，成本相对较低。LNG进口更为灵活，但受国际市场因素影响较多，现货价格波动较大。特别是

2017 年冬季供暖时期，为满足增量需求，保供民生用气，我国大量进口 LNG 现货，LNG 到岸价格上涨明显，用气成本激增。从进口天然气规模来看，2010 年以来，我国进口天然气总量持续增加，从 2010 年的 163.6 亿立方米增加到 2017 年的 920.4 亿立方米。2018 年上半年，我国天然气进口总量为 4208 万吨，同比增长 64.6%，较之 2017 年的涨幅 26.9% 翻了一倍多。从进口天然气的结构来看，2012 年以前，我国 LNG 进口量高于管道气，到 2012 年管道气进口超过 LNG，延续到 2016 年。2017 年，LNG 进口量重新超过管道气。2017 年我国管道气进口 426 亿立方米，占总量的 46%，LNG 进口 494 亿立方米，占 54%。

（二）管道气进口以土库曼斯坦为主，俄罗斯进口潜力巨大

我国管道天然气主要从土库曼斯坦进口。在 2011 年以前，管道天然气进口几乎全部依赖土库曼斯坦。2012 年以后，管道天然气进口渠道逐渐多元。根据海关总署数据，2018 年第一季度，我国进口气态天然气 823.8 万吨。其中，自土库曼斯坦进口 621.3 万吨，占比为 75.4%；自缅甸进口 92.1 万吨，占比为 11.2%；自哈萨克斯坦进口 61.7 万吨，占比为 7.5%。同时，我国加大了与俄罗斯的合作力度，已签订多项天然气合作协议。特别是中俄东西两线天然气管道贯通后，总供应能力预计将达到 680 亿立方米/年，将对缓解我国天然气供需压力起到明显作用。

（三）LNG 进口以澳大利亚和卡塔尔为主，美国进口天然气受贸易摩擦影响较大

我国进口 LNG 从 2009 年的 553.18 万吨，增加到 2017 年的 3813.41 万吨，是 2009 年的 6.89 倍。主要从澳大利亚、印度尼西亚、卡塔尔和马来西亚等国进口，澳大利亚和卡塔尔是主要进口国。2017 年，我国 LNG 进口中，澳大利亚占比为 45.33%，卡塔尔占比为 19.63%，马来西亚占比为 11.05%，印度尼西亚占比为 8.04%。同时，受美国页岩革命的推动，美国对外出口天然气规模逐渐增加。2017 年，我国进口美国 LNG 占比为 0.56%。2018 年第一季度，我国从美国进口的天然气同比增长 1.7 倍。但 5～7 月，我国从美国进口的天然气由 40 万吨

降至 13 万吨。可见，中美贸易摩擦对天然气进口贸易影响较大。

（四）天然气海外合作开发稳步推进，颇具增长潜力

目前，我国石油企业海外投资取得长足进展，油气权益产量继续大幅增长。2017 年，我国石油企业海外油气权益产量达到 1.9 亿吨油当量，较 2016 年增长 8.9%，其中天然气权益产量为 450 亿立方米。“一带一路”区域合作全面发展，在上游领域，我国企业获得伊朗、阿布扎比和哈萨克斯坦的勘探开发项目，俄罗斯亚马尔 LNG 项目顺利投产；在管道领域，中缅原油管道全面建成投产，中俄原油管道二线工程全线贯通；在贸易方面，与俄罗斯、阿联酋和哈萨克斯坦等签署油气供应协议。三大石油公司经营业务稳步拓展，民营企业也加快“走出去”，多元投资主体格局正在形成。

二、我国海外天然气供应面临的挑战

（一）价格及市场因素

我国进口管道气价格一般是长期合同价格，通过价格公式确定。进口 LNG 价格包含长期协议价格和短期现货价格两种。除采用“照付不议”长协贸易合同进口的管道气及 LNG 外，供需缺口将按照市场规则从国际市场上以较低价格采购 LNG 来补充。一方面，我国通过较高长协价进口的天然气需要在未来较长一段时间内逐步消化，造成我国天然气成本相对较高。另一方面，随着天然气消费量的大幅提升，我国需从国际现货市场进口大量 LNG，将不得不面临较大波动的市场价格和风险。目前，国内尚未形成较大规模的天然气交易市场，对国际 LNG 定价权的影响较小，往往处在被动接受价格的地位。

（二）地缘政治因素

管道气进口受国际地缘政治影响较大，包括天然气设施的恐怖袭击、天然气工人罢工、天然气出产国政局动荡等因素，都会对天然气价带来冲击。同时，天然气进出口国之间的政治关系也会影响天然气生产与运输。在“一带一路”倡议带动下，我国与俄罗斯、中东等主要天然气出产国建立了良好的合作平台，在未来可寻求更为广泛的合作，特别是在天然气方面。“一带一路”沿线国家在交通基础设施、工程技术、机械装备、电力等多领域有合作需求，可借此推动油气资源合作，从贸易领域逐渐向油气资源勘探、开发生产等核心领域发展，将中国与俄罗斯和中亚各国油气资源的合作维持在较高水平，确保能源供应的稳定性与持续性。

（三）基础设施建设因素

天然气资源的可获得性受天然气基础设施建设水平的影响。一是与管道建设水平有关。我国天然气管道建设仍与天然气需求水平不相适应。我国天然气管道主要掌握在中石油和中石化手中，且两家管网的联通性并不理想。同时，管网对LNG接收站的疏解能力仍然不足，使国内天然气供应能力受限。二是与天然气储备能力有关。天然气消费需求具有明显的季节性，需要强大的储备能力来实现年度调节。2017年的“气荒”反映出我国天然气储备设施严重缺乏，导致供需调节吃紧。三是与LNG接收站建设情况有关。我国进口天然气越来越倚重LNG。从目前情况看，我国LNG接收站设施仍相对不足，进口能力仍有限。

（四）国际资源竞争因素

从供给端看，国际天然气市场将在较长时期内处于“供大于求”状态，天然气贸易走向加重欧洲比例的方向。俄罗斯近两年对欧洲市场的管道天然气出口显著增长，中俄天然气管道贯通后，我国将与欧洲在俄气供应上存在一定竞争。同时，受中美贸易摩擦影响，美气进入我国受阻，也将转向欧洲等大宗消费地区。从需求端看，主要进口国将逐步调整进口结构，减少长期合约规模，加大现货市场采购比重。日本中部电力和东京电力的合资企业 JERA 公司计划到 2030 年将长期合约采购的天然气量减少至 42%。日本大阪燃气公司表示未来几年可能不签订新的长期合同，转向更加活跃的现货交易。此外，亚洲各国争相建立天然气交易中心，力求提升国际定价话语权。2016 年，新加坡交易所推出与亚洲交易的 LNG 现货价格指数挂钩的期货和掉期交易合约。同年 5 月，日本在七国集团（G7）能源部长会议上提出了在日本创建 LNG 市场。我国也先后建立了上海、重庆等油气交易中心，争取与我国消费体量相适应的国际定价权。

三、构建多元化海外天然气供应体系的政策建议

（一）拓宽直接进口渠道

一是切实推动中美天然气贸易。中美两国在天然气领域互补合作需求明显。未来仍面临价格、资源供应和出口终端基础设施等因素制约，特别是中美贸易摩擦不断升级，将对天然气合作带来负面影响。长期看，应进一步加大与美天然气的合作力度，妥善处理贸易摩擦，寻求利益平衡点，扩大天然气合作领域，增加产业链合作紧密度，开展互利共赢合作。二是加大与俄罗斯天然气的合作力度。目前，我国与俄罗斯合作的天然气项目已陆续启动，将极大缓解我国天然气供应压力。这也对国内 LNG 接收站、天然气管网等基础设施提出更高要求。同时，也要考虑与俄合作可能存在的其他影响因素，如中俄两国贸易关系等。

（二）优化海外合作开发区块布局

一是加大与缅甸、埃及等国的合作开发力度。近年来，缅甸不断加强与国外公司合作开发陆地和近海及远海能源，埃及天然气公司部分天然气区块分布在尼

罗河三角洲的陆地区域和地中海海域，有合作开发机会。埃及石油公司页岩气开发位于西部沙漠地区，也在公开招标之列。可加强与缅甸、埃及等合作开发近海油气资源，以丰富我国天然气来源渠道。二是推动我国企业并购国外油气公司，间接持有油气资源。海外并购、股权投资等方式是我国企业“走出去”获取海外油气资源的便利途径。需继续推动我国油气企业收购国外公司股权，间接获得非洲等区块权益。进一步推动民营油气企业参与海外合作开发。

（三）加大管网和LNG接收站等基础设施建设力度

一是加快推进天然气管网建设。与发达国家相比，我国天然气管网设施建设仍较为落后，管道运输能力相对较低。2017 年我国天然气管道密度为 19.97 千米/亿立方米，低于世界平均 33.73 千米/亿立方米，仅为美国天然气管道密度的 35.14%。应加大天然气管网投资，推动管网独立，明晰天然气管网建设投资收益，最大限度允许民营经济参与管网建设，同时推动第三方准入落地，提升天然气管网输送能力。二是加大 LNG 接收站建设力度。我国 LNG 接收站建设正在提速，且民营经济也逐步参与进来。未来应进一步放宽限制，鼓励社会资本投资 LNG 接收站。同时，利用好已有接收站，促进接收站设施向第三方开放，提高利用效率，提升接收能力。三是加强天然气储气设施建设。我国储气库等设施建设相对滞后。目前，国家发改委已下发文件，明确各地方、城市燃气企业建设储气设施的责任。在推进过程中，仍需细化储气库规模和布局，考虑区域协同、储气库辐射范围等因素，提高资源利用效率，提升储气库建设效益。

（四）建立稳定的天然气国际市场定价机制

我国是天然气消费大国，却没有与之相适应的定价权和话语权。进口 LNG 价格持续高位，极大增加了我国天然气使用成本。保障天然气供应安全、价格合理是未来的工作重点。因此，应加强国内天然气市场建设，推动形成有序竞争、供需多元的油气市场体系，争取与我国天然气消费能力相匹配的定价话语权。在上海国际能源交易中心原油期货产品基础上，推出天然气期货产品。加强与新加坡原油交易所、中国香港国际石油交易所等较为成熟平台的合作，推动与新加坡、俄罗斯等国合作开发“亚太天然气价格指数”。同时，构建稳定的天然气贸易和投资合作机制。推动天然气贸易合作由双边向多边发展，构建区域合作机制，制定多边贸易和投资准则。

（五）完善企业“走出去”机制

“一带一路”倡议加深了我国产业与沿线国家的合作。特别是在美国特朗普推行“美国优先”政策的影响下，各国经济发展不确定性因素增多，为“一带一路”倡议深入推进提供契机，需要把握时机，抓紧推进与有关资源供需国的合作。针对沿线发展中国家的能源资源需求，广泛开展海外油气合作开发，加大产业链合作力度，加快布局合作项目，提升合作水平。加强与发达国家合作，共同开发第三方市场，合作开发沿线国家的天然气资源。同时，加强对“一带一路”沿线国家政策体系、法律制度、风俗习惯等的研究，编制项目投资操作手册，搭建政策咨询平台，为国内企业“走出去”提供法律和政策支持。

（执笔人：王成仁）

后　记

本书系在中国国际经济交流中心（以下简称国经中心）2018 年度重大课题“能源转型、雾霾治理和民生用能协调推进——以天然气保供保暖为例”研究的基础上修改完成的。

国家发改委能源所原所长韩文科担任课题指导，对课题研究的框架设计和主要观点给予了重要意见。国经中心信息部副部长、研究员景春梅博士担任课题组长，负责框架设计及全书统稿，并承担总报告和专题报告七的写作；国经中心副研究员陈妍博士担任课题副组长，参与全书统稿，并承担总报告和专题报告四的写作；国经中心副研究员王成仁博士承担专题报告一和专题报告五的写作；民德研究院研究员金爱伟负责专题报告二和专题报告三的写作；中央财经大学博士生刘梦承担专题报告六的写作。

在研究过程中，课题组多次召开座谈会，并走访政府部门、研究机构和相关企业进行调研。课题组对报告课题进行了成果转化，撰写了多篇内参报告，公开发表了多篇文章。课题组部分成员在有关学术会议上发表观点，并多次接受主流媒体采访，取得了较好的社会效果。

本研究得到国经中心常务副理事长、执行局主任张晓强，国经中心总经济师、执行局副主任陈文玲的多次指导。国家发展改革委价格司、国家能源局油气司等单位给予了大力支持和帮助。国家能源局原副局长张玉清、国家信息中心副主任马忠玉、国家发改委价格司副司长牛育斌、国家能源局油气司副司长李英华、中石油政策研究室副主任王震、中国城市燃气协会理事长助理迟国敬、生态环境部环境与经济政策研究中心环境战略与理论研究部主任俞海等领导和专家，参与课题讨论并给予了有价值的意见和建议。

谨此向所有给予本研究帮助的单位和专家表示衷心感谢！由于能力所限，本书中的问题和纰漏，敬请读者朋友批评指正。

作者

2019 年 3 月